*Friedrich Knauer*

# Das Leben unserer heimischen Lurche und Kriechtiere

bremen university press

Friedrich Knauer

**Das Leben unserer heimischen Lurche und Kriechtiere**

ISBN/EAN: 9783955620288

Auflage: 1

Erscheinungsjahr: 2013

Erscheinungsort: Bremen, Deutschland

bremen
university
press

Das

# Leben unserer heimischen Lurche

## und Kriechtiere

im Kreislaufe eines Jahres

Von

## Dr. Friedrich K. Knauer

Dresden
Verlag von Hans Schultze
1905

# Vorwort.

Haben trotz des heute viel besseren naturgeschichtlichen Schulunterrichtes und der in immer weitere Kreise dringenden Naturliebhabereien auch die Vögel, die sich so zahlreicher Freunde erfreuen, noch immer Schutz gegen unvernünftige Verfolgung, rohen Unverstand nötig, so bedürfen die unter dem Banne abergläubischer Furcht, allgemeiner Abscheu stehenden Lurche und Kriechtiere erst recht der Verteidigung gegen lächerliche Vorurteile. Viel ist da dank der aufklärenden Tätigkeit all der Vereine für volkstümliche Naturkunde, Terrarien- und Aquarienliebhaberei schon besser geworden und viel können naturgeschichtliche Schriften, die uns das Tun und Treiben dieser Tierwelt schildern, zum allmählichen Schwinden einer alteingelebten Abneigung gegenüber diesen Tieren beitragen.

In diesem Sinne ist auch das vorliegende Buch gedacht, das dem Leser das Leben unserer heimischen Lurche und Kriechtiere, wie es sich im Kreislaufe des Jahres abspielt, schildert und dabei auch manche sich aufdrängende Frage über die systematische Stellung und Unterscheidung, die geographische Verbreitung, die Variation, Anpassung an geänderte Verhältnisse dieser und jener Art in den Kreis der Betrachtung zieht, ohne selbstverständlich innerhalb des gegebenen Rahmens eine vollständige Naturgeschichte der Lurche und Kriechtiere geben zu wollen und zu können. Jedenfalls dürfte dem angehenden Lurch- und Kriechtier-

freunde neben Brehms Tierleben, in welchem Dr. O. Boettger
die Gesamtheit der Lurche und Kriechtiere in so anregender
Weise vorführt, Bruno Dürigens fleißigem Werke, das die
Lurche Deutschlands eingehend beschreibt, Dr. Fr. Werners
vortrefflicher Lurch- und Kriechtierfauna Österreich-Ungarns
und anderen einschlägigen Schriften ein Buch erwünscht kommen, das, von systematischer Anordnung des Stoffes unab-
hängiger, das Leben der heimischen Lurche und Kriechtiere,
wie es sich vom Erwachen dieser Winterschläfer an im Frühling, Herbst und Sommer bis zum Wiedereintritt der rauhen
Jahreszeit kundgibt, schildert. Es mag solch ein Buch auch
im Sinne aller der Vereine und Gesellschaften geschrieben
sein, wie sie seit Jahr und Tag in immer sachlicherer Weise
im Dienste der Naturbeobachtung tätig sind und deren
eifrigem Wirken wir heute schon so manche Klar- und Rich-
tigstellung auf faunistischem und biologischem Gebiete zu
danken haben.

Hainbach (Klausen) im Wienerwalde, im Juni 1905.

**Dr. Friedrich K. Knauer.**

# Inhalt.

# Frühjahrsleben unserer Kriechtiere und Lurche.

(Frühes Erwachen der Lurche aus dem Winterschlaf. Erregter Fortpflanzungstrieb bei den Froschlurchen. Allerlei sexuelle Verirrungen. Feßlung
der Weibchen. Liebesspiele bei den Tritonen. Dimorphismus der Lurche.
Tritonen im Hochzeitskleid. Die Abgabe, Befruchtung und Entwicklung
der Eier bei Froschlurchen und Tritonen. Die Metamorphose der Frosch-
und Schwanzlurche. Künstliche Eientwicklung. Häutung bei Lurchen und
Kriechtieren. Liebesleben und Dimorphismus der Kriechtiere.)

Im frühsten Frühjahr, zuweilen, wenn die Fluren ihrer
Schneedecke noch gar nicht ledig geworden sind, stellenweise noch Eis die stehenden Gewässer deckt und fast nur
der wärmere Sonnenschein an das Schwinden der rauhen
Jahreszeit gemahnt, stellen sich an unseren Sümpfen, Wei-
hern, Tümpeln die ersten Frühlingsboten aus der Lurchwelt
ein. Man sollte glauben, daß diese so lange kurzweg als
„Kaltblütige" bezeichneten Tiere viel länger als die andere
nach dem Winter erscheinende Tierwelt der Wiesen und
Felder säumen müßten, die schützenden Winterquartiere
zu verlassen, und den Winternachwehen des Vorfrühlings
nicht gewachsen wären. Ganz im Gegenteile ist aber für
eine Reihe von Lurcharten gerade diese erste Frühlingszeit
auch die Zeit vollster Entfaltung ihrer Lebenskraft und bietet
sich dem Lurchfreunde keine günstigere Gelegenheit, als
der frühe und der weitere Frühling, aller der heimischen

Lurche ansichtig zu werden, und zwar in Mengen, wie man sie nach den oft ganz spärlichen Funden während der übrigen Jahreszeit nicht erwarten würde. Die Knoblauchkröte bekäme man zu anderer Jahreszeit kaum zu Gesicht. Was uns sonst an Vertretern der Lurchwelt nur ab und zu in den Weg tritt, zufällig unter Steinen, deckendem Laube, in einer Baumhöhlung aufgestöbert wird, den Tag über versteckt sich hält, im Schlamme der Gewässer sich birgt, tritt uns da, vom Fortpflanzungstrieb gedrängt, ohne Scheu und in reicher Zahl entgegen. Nur eine kurze Zeit im Sommer, wenn ein großer Teil der jungen Lurchwelt mit seiner Metamorphose fertig ist, die kleinen Froschlurche, das Wasser verlassend, ans Land gehen und nun Tausende und Tausende der hüpfenden und krabbelnden Knirpse zuerst die benachbarten Wiesen und Felder aufsuchen, um sich dann weiter und weiter über Land zu zerstreuen, begegnen wir wieder solch reichem Lurchleben.

Als erster erscheint der Gras- oder Taufrosch (Rana temporaria L.), der verbreitetste unserer drei Braunfrösche. Nach milden Wintern oft schon im Februar, gewiß aber im Laufe des März bis anfangs April stellt er sich an stehenden Gewässern ein und nimmt in seinem Paarungsdrange zuweilen auch mit zeitweiligen Wasserlaken, wie sie durch die Schneeschmelze entstehen, fürlieb. Auch der Springfrosch (Rana agilis Thomas) und die Erdkröte (Bufo vulgaris L.) finden sich in der zweiten Hälfte des März oder anfangs April an den stehenden Gewässern zum Laichen ein. Noch im März oder anfangs April erwachen der Alpentriton oder Bergmolch (Molge alpestris Laur.), bald nach ihm der Kammmolch (Molge cristata), der Faden- oder Leistenmolch (Molge palmata Razoum.) und der gemeine Teichmolch oder Streifenmolch (Molge vulgaris L.) aus dem Winterschlaf, und gehen die beiden ersteren Ende März oder anfangs April, der Teichmolch im April oder Mai, bisweilen aber auch erst im Juni ans Laichen. Im April schreitet der

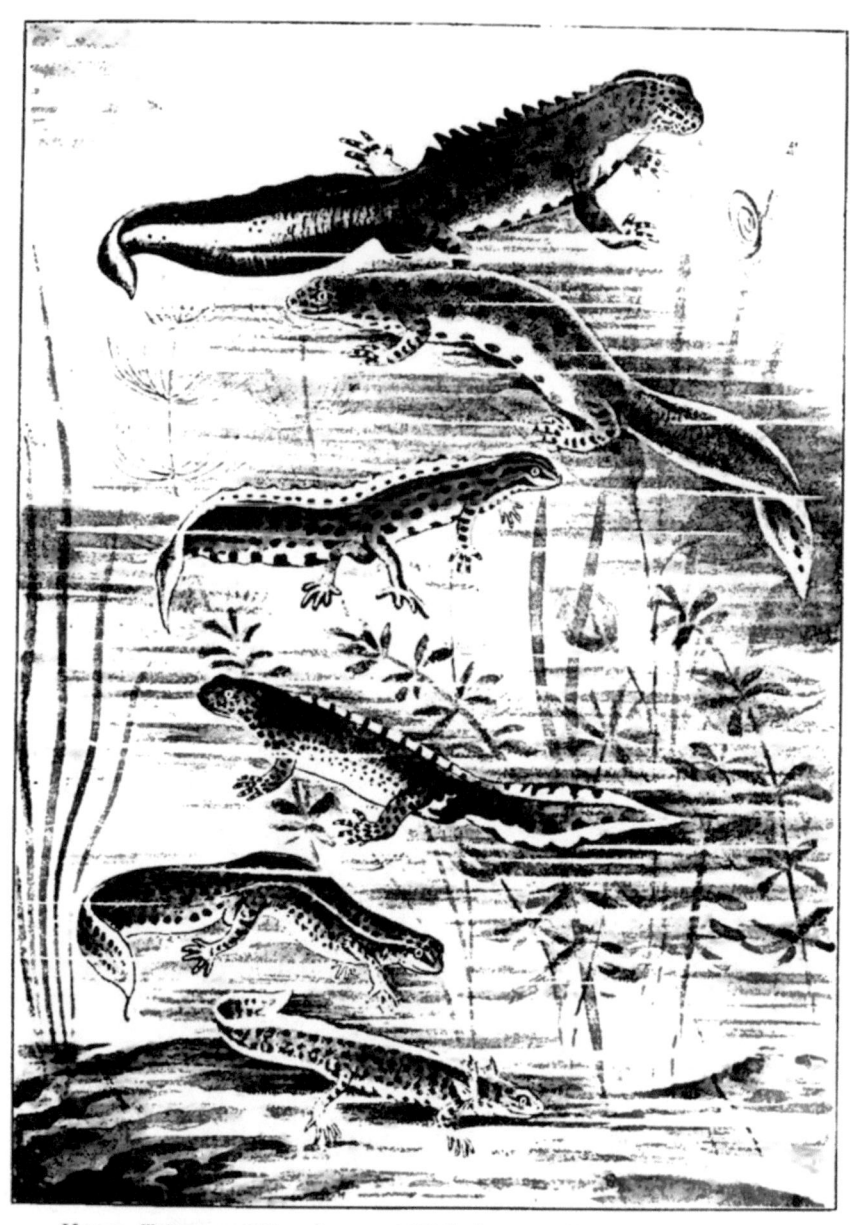

Unsere Tritonen: Männchen und Weibchen des Kammmolches (1. 2).
Männchen des gemeinen Teichmolches (3). Männchen des Alpentritons (4).
Männchen des Fadenmolches (5), zweijährige neotenische Larve des gemeinen
Teichmolches (6).

Moorfrosch (Rana arvalis Nilss.), die Knoblauchkröte (Pelobates fuscus Laur.), Ende April bis Mitte Mai die Wechselkröte (Bufo viridis Laur.) und der Laubfrosch (Hyla arborea L.), Mitte Mai die Kreuzkröte (Bufo calamita Laur.), die Rotbauchunke (Bombinator igneus Laur.), und der Feßler (Alytes obstetricans Laur.) zum Laichen. Den Beschluß machen der Wasserfrosch (Rana esculenta L.) und die Gelbbauch- oder Bergunke (Bombinator pachypus Bonap.), ersterer in der Mitte Mai bis Mitte Juni, letztere Ende Mai bis Mitte Juni laichend.

Lassen sich, wie besonders der Taufrosch und die Erdkröte, diese Paarungslustigen durch vorausgegangene wärmere Tage verlocken, früher zur Fortpflanzung zu schreiten, und tritt zu der Zeit, da die Eier schon abgangsreif geworden sind, plötzlich wieder anhaltend kalte Witterung ein, dann unterbleibt der Eieraustritt und die Weibchen kommen dann in Menge um. So fand ich am 5. April 1876 im Teiche des Schwarzenbergparkes (Wien, Dornbach) über 120 auf solche Weise zugrunde gegangene weibliche Erdkröten. Je nach den Witterungsverhältnissen und dem Vorkommen ist übrigens die Zeit des Erscheinens unserer Lurche im Frühjahre eine sehr verschiedene. Wolterstorff hat im nordwestlichen Harz in 880 Meter Höhe noch Ende Mai frischen Laich des Taufrosches vorgefunden; ich habe den Taufrosch wiederholt an günstigen Plätzen in früh eingetretenem milden Vorfrühling schon Ende Februar und wieder im Hochgebirge noch im Juli laichend getroffen. Nach sehr milden Wintern findet sich die Knoblauchkröte stellenweise schon Ende März zur Paarung ein. In der Bukowina laicht der Springfrosch, der nach Thomas sechs Wochen nach dem Taufrosch laichen soll, gleichzeitig mit dem Taufrosch. Für den Moorfrosch gibt F. Werner Mitte Mai als die Paarungszeit an, während Krefft sagt, daß seine Laichzeit mit der Hauptlaichzeit des Taufrosches (Ende März und anfangs April) zusammenfällt. Während man in Niederösterreich

die Bergunke oft noch im Juni in Paarung finden kann, geht
sie im Osten schon Ende April ans Laichen. In den stehenden Gewässern des Elm im Braunschweigischen Hügellande
hat E. Cruse die Kreuzkröte bis Mitte Juni beim Laichen getroffen und Krefft fand diese Art in Braunschweig im Jahre
1892 schon am 25. April, im Jahre 1890 noch am 21. Juni
laichend. Mit frischen Eierschnüren behangene Männchen
des Feßlers habe ich aus Deutschland Ende März, anfangs
April erhalten, in der Schweiz im April, bei Koblenz im Mai
gefunden. Am längsten dauert die Laichzeit bei der Wechselkröte und der Kreuzkröte, die man einen Monat und länger
beim Laichen antrifft, und noch länger beim Feßler, der
vom April oder Mai bis in den August hin laicht, so daß
man für diesen Froschlurch früher zwei Laichperioden im
Jahre angenommen hat; in Wirklichkeit aber setzt das Weibchen die Eier nicht auf einmal, sondern in mehreren langen
Zwischenpausen ab.

Wie sehr die Witterungsverhältnisse den Beginn und
die Dauer des Laichens beeinflussen, konnte ich recht augen-
fällig heuer wieder beobachten. Hier im Wienerwalde in
der Schöpfl-Umgebung, fand ich in den Tümpeln längs der
Schwechat und ihrer Zuflüsse die ersten Taufrösche vereinzelt am 19. März, den ersten Laich am 29. März, Taufrösche in Menge in Kopulation am 29., 30. und 31. März,
den letzten frischen Laich am 14. April. Die große Mehr-
zahl legte den Laich nicht in die einigermaßen tieferen Tümpel, sondern an seichtester Stelle ab, so daß ein Teil der
Laichklumpen fast im Trockenen lag. Der 7., 8. und 9. April
brachte bei einem Rückgang der Temperatur auf 0 Grad
Celsius und darunter reichlich Schnee, der einige Tage liegen
blieb. Infolge dieses Wärmerückfalles ging fast aller Laich
zugrunde. Zwei Taufroschpaare, die ich am 31. März in die
Aquarien gebracht hatte, waren bis zum 12. April in Kopulation; in der Nacht auf den 13. April hörte ich plötzlich auf-
fallendes, anhaltendes, lautes Grunzen der Frösche und fand

beim Nachsehen Laich abgelegt, eine nächste Laichpartie
wurde in der nächsten Nacht abgesetzt und wieder wurden
die Frösche recht laut. Der Laich war in sehr losen, lockeren Klumpen, mehrere Eierkugeln ganz einzeln, abgelegt,
und die Gallerte haftete sehr fest auf dem Boden des Glases,
so daß der Laich auch mit Wasser nicht wegzuspülen war.
Ich hatte geglaubt, daß sich dieser sehr großkuglige Laich
rascher entwickeln werde, aber erst nach 5 Tagen begannen
die schön runden Dotterkugeln sich äußerlich zu verändern.
Die am nächsten Tage nach Abgabe der zweiten Laichpartie
auseinandergegangenen Paare waren noch den ganzen nächsten Tag recht erregt, die Männchen grunzten, sowie sie berührt wurden oder an einen Kameraden stießen; ab und zu
sprang eines der Männchen in ganz sonderbar stürmischem
Sprunge auf das ihm begegnende und hell und rasch nacheinander aufquicksende Weibchen und hielt es wieder umfaßt, um
aber bald wieder loszulassen. Die ersten Erdkröten sah ich vereinzelt vom 30. März an, aber, obwohl sich schon am 10. April
wieder milde Witterung eingestellt hatte, am 11. April in der
Höhe des Hengstl (620 m) an zwanzig Leuchtkäfer zu
sehen waren und am 13. April die ersten Schwalben sich
zeigten, erst am 13. April in den Tümpeln zahlreiche Männchen, der Weibchen harrend, dann am 14. April beim letzten
Ablassen der Klausenwässer für die Holzschwemme viele
Paare in Kopulation, aber auch am 24. April noch keinen
Laich. Ich komme auf diese Wahrnehmungen noch zurück.

Die Vorgänge bei der Paarung, die Entwicklung
der Eier, das Heranwachsen der Larven lassen sich
bei den Lurchen viel leichter beobachten als bei manchen
anderen Tieren, bei denen sich die intimen Szenen des
Liebeslebens nicht so offenkundig abspielen und auch die
weitere Entwicklung der Jungen mehr der Beobachtung ent-
zieht. Der Fortpflanzungstrieb äußert sich bei den Lurchen
viel erregter, als man bei diesen sonst so stumpfsinnig er-
scheinenden Tieren voraussetzen würde. Besonders stür-

misch vollzieht sich die Paarung bei den Froschlurchen.
Was ich darüber schon vor dreißig Jahren und später an
verschiedener Stelle mitgeteilt habe,*) ist seither von zahlreichen Beobachtern mehr und minder erweitert und be-
stätigt worden. Wer sich durch die Ende März und anfangs
April allerorts noch herrschende Feuchtigkeit nicht abhalten
läßt, den in der Nähe befindlichen Teichen und Sümpfen
einen Besuch abzustatten, kann um diese Zeit die Fortpflanzung des Taufrosches und der Erdkröte in ihrem Verlaufe genau verfolgen; er findet um diese Zeit die Ufer der
kleinsten Tümpel von Scharen in Paarung begriffener Erdkröten und Taufrösche umlagert. Tagelang sitzt das Männchen mit trüben, verglasten Augen auf dem Rücken des
Weibchens, die Vorderfüße unter dessen Achseln durch tief
eingepreßt, den Kopf fest an das Genick des Weibchens gedrückt. Der geringste Versuch des Weibchens, sich über
Wasser zu erheben, oder der störende Eingriff einer anderen
männlichen Kröte läßt das Männchen in hörbarer Erregt-
heit rasch nacheinander heulende Töne ausstoßen; mit dem
Aufgebote aller Kraft wird das Weibchen wieder unter
Wasser gedrückt und der Störenfried mit den Hinterfüßen
weggestoßen. Während der ganzen Zeit bleibt das Weibchen anscheinend ruhig, fügt sich mit ersichtlichem Gleich-
mut in die ihm vom Männchen bereitete Zwangslage, läßt
keine sich bietende Gelegenheit, etwas zu erbeuten, un-
benützt, sieht den sich nähernden Beobachter sofort und
sucht zu entkommen, während das Männchen für seine ganze
Umgebung blind zu sein scheint, weder an Nahrung denkt,
wenn sich solche bietet, noch zu fliehen sucht, wenn man
herantritt. Versucht man, das Weibchen vom Männchen
zu trennen, so setzt das Männchen einem solchen Versuche
allen Widerstand entgegen; an den Hinterfüßen in die Höhe
gehalten, preßt das Männchen die Vorderbeine nur um so

---

*) Sitzungsberichte der k. k. zoolog. bot. Gesellschaft in Wien, B. XXVI,
1876; „Der Naturhistoriker", I.—X. Jahrg. u. a. O.

tiefer in den Leib des Weibchens und hält dieses mit aller Kraft fest, obschon das Weibchen weit größer und durch die Eierlast um so gewichtiger ist. Gewaltsam von dem Weibchen gerissen und wieder freigelassen, springt es sofort wieder auf den Rücken des Weibchens. Gelingt es einem Männchen nicht, ein lediges Weibchen zu finden, so setzt es sich an einem schon von einem anderen Männchen besetzten Weibchen fest; man kann da von fünf und mehr Männchen besetzte Weibchen aus dem Wasser fischen, auf deren Rücken ein Männchen Platz gefunden hat, während die übrigen an den Füßen des Weibchens sich festklammern; eine solche Gruppe kann noch weiteren Zuwachs erhalten, indem Taufrösche, in Ermanglung eines Weibchens eigener Art, an eines der Männchen sich anklammern. Es scheinen auch bei der Befruchtung der abgehenden Eier zuweilen mehrere Männchen teilzunehmen. Wie stürmisch und erregt sich der Paarungstrieb der Froschlurchmännchen äußert, wird durch die wiederholt beobachtete Tatsache illustriert, daß nicht nur Männchen von anderen Männchen gleicher oder anderer Art umarmt werden, sondern solche paarungslustige Männchen selbst Fische, ja Holzstücke und andere tote Gegenstände umklammern und umgekommene Weibchen noch tagelang von den Männchen festgehalten werden. Ein Taufroschmännchen, das ich heuer am 31. März aus dem Wasser fischte, hielt in verkehrter Stellung ein totes Weibchen umarmt und ließ dasselbe erst nach zwei Tagen los.

Bei den heimischen Fröschen und echten Kröten sitzt das Männchen während der Paarung auf dem Rücken des Weibchens und umschlingt es mit den Vorderbeinen, mit diesen vom Rücken her unter der Achselhöhle durchgreifend und die Daumen an der Brust des Weibchens berührend. Die Männchen der Unken wieder und der Knoblauchkröte umfangen die Weibchen an den Hüften. Die Brust der Weibchen ist bei solcher Umarmung oft ganz eingeschnürt, ja zuweilen durchbohren die Daumen des pressenden Männchens die Brust des Weibchens und dieses geht zugrunde. Weit weniger stürmisch äußert sich der Fortpflanzungstrieb beim Laubfrosche, bei welchem die Männchen, die ihr Weibchen ebenfalls vom Rücken her umklammern und die geballte Hand in deren Achselhöhle stemmen, nur ein paar Tage auf dem Weibchen sitzen bleiben.

Ohne solche derbe Gewalttätigkeiten seitens der Männchen vollzieht sich die Paarung bei den Tritonen, bei welchen es auch, da die Männchen bei der Abgabe der Eier nicht zugegen sind. zu einer inneren Befruchtung kommt. Den Hochzeitskamm, der bei einigen Arten zur Laichzeit sehr stark entwickelt erscheint, hochaufrichtend, umschwimmen die Männchen die Weibchen, stoßen, wie aufmunternd, ihren Kopf an den der ziemlich ruhig verharrenden Weibchen und führen dabei mit dem nach der Kloakenseite hin umgebogenen Schwanze schlängelnde Bewegungen aus und schlagen mit der Schwanzspitze rasch nacheinander gegen die Kloake. Dieses Umtänzeln der Weibchen währt mehrere Tage, ehe es zur Befruchtung der Eier derart kommt, daß das Männchen von Zeit zu Zeit die Samen enthaltende Gallertmassen (Spermatophoren) abgibt, die Weibchen, wenn sie über diese Gallertmassen hinwegschreiten, mit den an der Spitze der glockenförmigen Samenträger lose anhaftenden Samen in Berührung kommen, wobei die Samenmasse an der Kloakenwulst der Weibchen haften bleibt und in die Kloakenspalte eindringt.

Die Fortpflanzungszeit der Lurche bietet auch die beste Gelegenheit, den Dimorphismus, die Zwiegestalt der Männchen und Weibchen, bei Lurchen kennen zu lernen. Bei den meisten Lurchen sind die Weibchen größer und plumper gebaut als die Männchen. Aber es kommt bei Entwicklung solcher sekundärer Geschlechtscharaktere bei den Lurchen noch zu anderweitigen Differenzierungen zwischen Männchen und Weibchen, zumal zur Paarungszeit.

Wir wollen uns darüber etwas ausführlicher ergehen. Beim Wasserfrosch entbehrt das Weibchen der großen äußeren Schallblase, wie sie, in einen Längsschlitz zurückziehbar, beim Männchen hinter jedem Mundwinkel vorhanden ist und die Männchen zu ihren bekannten ausdauernden und lauten Nachtgesängen befähigt. Außerdem ist das viel kleinere Männchen durch die kürzeren, dickeren Vorderbeine { 'und zur Paarungszeit durch eine rötlichgraue Schwiele am Daumenballen gekennzeichnet. Bei der kleinsten der drei Wasserfroschvarietäten, der kaum 8 cm langen var. lessonae, ist das Männchen auch in Färbung und Zeichnung vom Weibchen unterschieden, indem das Männchen auf der Oberseite hellgelb oder grüngelb gefärbt und mit Ausnahme der etwas dunkel gefleckten, zuweilen hellbräunlichen Hinterbeine und des Hinterteils einfarbig ist, während das Weibchen schön grasgrün oder blaugrün, mit oder ohne Flecken hinter den beiden Längsfalten, gefärbt ist und einen von der Schnauzenspitze durch die Nasenöffnung zum Auge

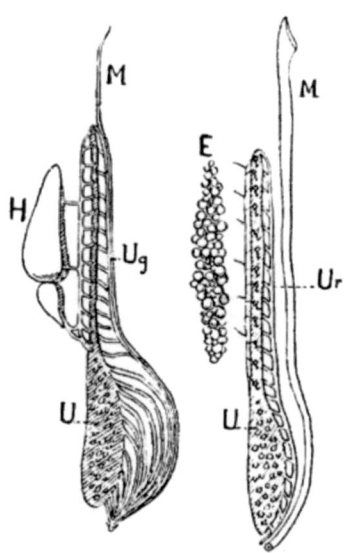

Abb. 1. Geschlechtsapparat eines männlichen (links) und weiblichen (rechts) Tritons. Nach Spengel. M Müllerscher Gang und Eileiter, H Hoden, U Urniere, Ug Harnsamenleiter, Ur Urnierengang, E Eierstock.

ziehenden dunklen Streifen, einen dunklen Schläfenfleck und meist auch untere, dunkle Ränderung der Längsfalten zeigt. Bei einer zweiten Form der Weibchen dieser Varietät ist das Weibchen nach Fr. Werner blaßbraun, grünlich schimmernd und jederseits mit zwei übereinander liegenden dunkelbraunen Längsbändern, die durch eine Fortsetzung der weißlichen Oberlippenlinie getrennt werden, gezeichnet.

Bei unseren drei Braunfröschen besitzen die Männchen

des Moorfrosches und des Taufrosches, nicht aber die des Springfrosches, zwei innere Schallblasen und die Männchen aller drei Arten dickere Daumen und Vorderbeine. Zur Brunstzeit hat das Männchen des Taufrosches und des Moorfrosches am Daumen und Daumenballen eine stark entwickelte, rauhe, schwarze Schwiele, das Männchen des Springfrosches eine weniger rauhe, rötlichgraue Daumenschwiele. Beim Männchen des Taufrosches ist die Haut

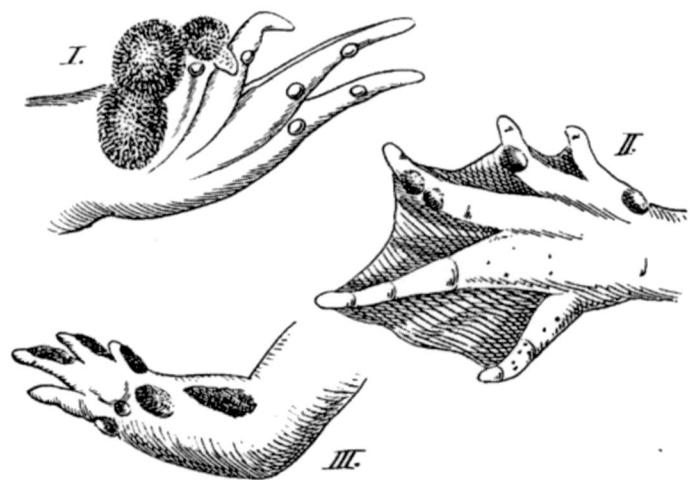

Abb. 2. Brunstschwielen der Männchen des Taufrosches (I) und der Bergunke (II Hinterfuß, III Vorderfuß). Nach Leydig.

zur Zeit der Paarung ganz glatt, beim Weibchen mit vielen, kleinen, spitzigen Hervorragungen versehen. Unterschiede in der Färbung und Zeichnung der männlichen und weiblichen Braunfrösche zeigen sich besonders beim Moorfrosch, bei welchem das brünstige Männchen auf der Oberseite schön himmelblau, meist auch an der Kehle bläulich angeflogen erscheint. Auch beim Taufroschmännchen ist zur Brunstzeit ein unreines Blau wahrzunehmen.

Das Laubfroschmännchen kennzeichnet sich durch seinen großen, faltigen, in voller Aufblähung gewiß hasel-

nußgroßen Kehlsack; seine Kehle hat auch immer eine gold-
oder schwärzlichbraune Färbung, während die Kehle des
Weibchens mehr grau, graublau oder bräunlich aussieht.

Bei unseren echten Kröten sind die Männchen, besonders bei der Erdkröte, auffallend kleiner als die Weibchen; während z. B. männliche Erdkröten kaum länger als
9 cm werden, habe ich, z. B. in der Bukowina, an 20 cm
lange Weibchen gefunden. Streckt man die Hinterbeine der
Kröten nach vorne aus und legt sie an den Leib an, so erreichen sie mit den Schwielen bei den Männchen der Erdkröte das Auge, bei den Weibchen die Schulter, bei den
Männchen der Wechselkröte den Hinterrand der Augen, bei
den Weibchen den Vorderrand der Augen, bei den Männchen der Kreuzkröte den hinteren Augenrand, bei den Weibchen die Schulter. Zur Paarungszeit sind die Männchen am
ersten, zweiten und dritten Finger oben und innen mit einer
rauhen, schwielenartig verdickten, schwarzen Haut bedeckt.
Sehr alte Erdkrötenweibchen zeigen auf der Unterseite, besonders auf der Brust, schwarze, spitzige Warzen. Weniger
auffällig sind die Unterschiede beider Geschlechter in der
Färbung und Zeichnung. Bei der Erdkröte sind die Männchen meist hellgelbbraun, seltener graubraun, einfarbig oder
oder dunkelgefleckt, auf der Unterseite schmutziggelb, meist
dunkelgefleckt, unten schmutziggelb, meist einfarbig. Die
Weibchen der Wechselkröte zeigen meist ein dunkleres Grün
der Fleckenzeichnung als die Männchen. Die Männchen der
Wechselkröte und der Kreuzkröte haben eine innere Schallblase und rufen recht fleißig.

Bei der Knoblauchkröte, deren Männchen einen lauten,
tiefen Ruf hören lassen, haben die Männchen zur Brunstzeit an der Hinterseite des Oberarms eine ovale, sehr poröse, große, von einer wasserhellen Flüssigkeit erfüllte
Drüse.

Die Männchen unserer zwei Unkenarten zeigen zur Paarungszeit sehr rauhe, schwarze Schwielen, die sich bei der

Gelbbauchunke auf dem Daumenballen, der Innen- und zum Teile auch der Oberseite der drei ersten Finger, auf der Beugeseite des Unterarms, auf dem zweiten Glied der dritten Zehe und zuweilen auch auf der zweiten, vierten und ersten Zehe und dem Ballen der ersten Zehe finden, bei der Rotbauchunke nur auf der Innen- und Oberseite des Daumens, auf dem Daumenballen, auf der Innenseite des zweiten Fingers und der Beugeseite des Unterarms auftreten. Das Männchen der Rotbauchunke besitzt Schallblasen und ist daher die Kehle deutlich aufgetrieben. Das Männchen der Gelbbauchunke hat immer Hornhöcker auf der Bauchseite, während sie dem Weibchen meist ganz fehlen; umgekehrt finden sich bei den Männchen der Rotbauchunke fast ausnahmslos Hornhöckerchen nur am Oberschenkel, an der Sohle und Fußwurzel, bei den Weibchen aber auf der ganzen Unterseite.

Beim Feßler haben die Männchen keine Schallblasen, auch nicht die üblichen Brunstschwielen zur Paarungszeit, so daß man bei dieser Art auch zur Brunstzeit die auffälligen Unterscheidungsmerkmale, wie sie bei anderen Lurchen zur Unterscheidung der Geschlechter dienen, nicht zur Verfügung hat. Beim ruhigen Sitzen der Feßlerkröten zeigt es sich aber deutlich, daß die Beine der Weibchen kürzer als die der Männchen sind, indem bei ihnen die Kniebeuge kaum die halbe Länge der Entfernung zwischen den Wurzeln der Vorderbeine und der Hinterbeine erreicht, bei den Männchen aber fast mit der Achsel zusammentrifft. Auch ist der Leib der größeren Weibchen länger, als der der kleineren Männchen.

Sehr gering sind die äußeren Unterschiede zwischen den Männchen und Weibchen der Landmolche. Die Männchen haben einen größeren Kopf. Die Kloake erscheint bei den Weibchen flach, bei den Männchen beiderseits der Afterspalte ersichtlich geschwollen; die männliche Kloake ist im Unterschied von der weiblichen mit einer doppelten Lippe

versehen. Dann besteht nach Kammerers Untersuchungen
schon bei den Larven frühzeitig ein auch für die erwachsenen
Tiere gültiger äußerer Geschlechtscharakter, im Längenver-
hältnis des Schwanzes zum Rumpfe sich äußernd, indem
nämlich bei den Männchen der Schwanz ebenso lang oder
länger, bei den Weibchen kürzer ist als der Rumpf.

Sehr lebhaft tritt der Geschlechtsdimorphismus bei den
Tritonen zur Fortpflanzungszeit ein, und zwar in der Färbung
und Zeichnung und in einer Reihe anderer äußerlicher Merkmale. Mit Ausnahme des Teichmolches, bei dem das Männchen um 1,5—2 cm länger ist als das Weibchen, sind die
Tritonmännchen etwas kleiner als die Weibchen, erscheinen
aber in ihrem prächtigen „Hochzeitsgewand" mit dem
meist sehr stark entwickelten Rückenkamm und Schwanzsaum viel stattlicher als die Weibchen. Bei dem brünstigen
Kammmolchmännchen zieht, schon zwischen den Augen be-
ginnend, ein hoher, zackiger oder eingekerbter, an der
Schwanzwurzel unterbrochener Kamm über den Rücken zum
Schwanze hin; beim männlichen Alpentriton ist der Kamm
niedrig, ganzrandig und über der Schwanzwurzel nicht unterbrochen; beim männlichen Teichmolch erscheint der rund-
lich gekerbte, gerade über der Schwanzwurzel noch stärker
entwickelte Rückenkamm als hohe Flatterhaut; beim Männchen des Fadenmolches ist der Kamm ganz niedrig, leisten-
artig und schwillt erst auf dem Schwanze an. Hand in Hand
mit der Entwicklung solcher Hochzeitskämme geht auch
die Ausbildung hoher Hautsäume auf dem Schwanze der
Männchen; beim Kammmolch ist der Schwanz oben und
unten mit einem hohen Hautsaume umgeben, der dem Weibchen ebenso wie der Rückenkamm fehlt; beim männlichen
Teichmolch ist der Kloakenhügel groß, kugelförmig, beim
Weibchen klein, länglich oval; der Schwanz des Männchens
ist ebenso lang oder länger, der des Weibchens kürzer als
die Hälfte der Gesamtlänge; beim männlichen Teichmolch
sind an den Zehen zur Paarungszeit sehr breite Hautsäume

entwickelt, desgleichen beim Männchen des Fadenmolches, bei welcher Art das Männchen auch noch durch eine viel längere fadenförmige Spitze am Ende des abgestutzten Schwanzes sich kennzeichnet. Auch in der Färbung, die bei den Männchen lebhafter erscheint, zeigen sich mancherlei Unterschiede zwischen Männchen und Weibchen. An den Schwanzseiten des brünstigen Kammmolchmännchens ist ein silberweißes, bläulich schimmerndes Band sichtbar, die Oberseite des Kopfes ist mit kleinen Flecken dicht besät, die Kehle ist reichlich weiß, rotbraun und schwarz gepunktet, das

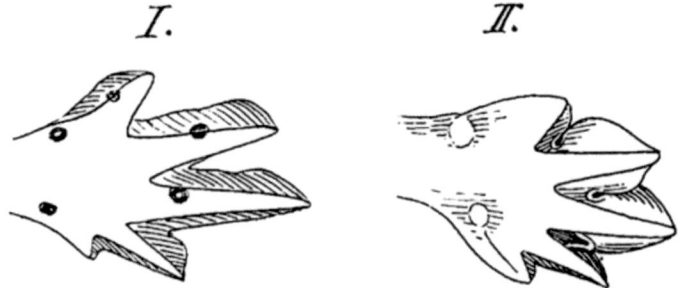

Abb. 3. Zehensäume der brünstigen Männchen des gemeinen Teichmolches (I) und des Fadenmolches (II).

Gelb des Bauches ist mehr rotgelb, während bei dem Weibchen an Stelle des fehlenden Rückenkammes eine etwas vertiefte Rückenlinie vorhanden ist, die häufig gelb oder rötlichgelb gefärbt ist, die Kehle mehr rotbraun punktiert, der Bauch mehr schwefelgelb und der beim Männchen schwarzgraue Kloakenhügel gleich der unteren Schwanzschneide gelbrot gefärbt ist. Das brünstige Männchen des Alpentritons ist an den Leibesseiten schön hellblau, auf der Unterseite lebhaft feuerrot, am Kloakenhügel seitlich und hinten dunkelgefleckt, das Weibchen auf der Unterseite mehr gelblichrot. Beim Männchen des Teichmolchs, das im Frühjahre auf dem Kopfe drei, später wieder verschwindende Längsfurchen sehen läßt, ist der Kopf mit sieben schwarzbraunen Längsstreifen gezeichnet, während beim Weibchen

von diesen sieben Kopfstreifen nur die zwei äußersten jederseits deutlich zu sehen sind. Beim Fadenmolch sind die
Männchen auf der Oberseite lebhafter gefärbt, indem die
Fleckenzeichnung sich schärfer abhebt und die dunkle Grundfärbung sich nicht so weit über die Streifen hin ausdehnt,
auf der Unterseite aber wieder die Weibchen lebhafter gefärbt, da das Rotgelb des Bauches noch bis weit über den
Unterrand des Schwanzes sich ausbreitet. Freilich, wenn
dann nach dem Laichen der Rückenkamm der Männchen
sich wieder verliert, der Schwanzsaum mehr und mehr einschrumpft, die Färbung und Zeichnung sich immer mehr
vertrübt und die Tritonen das Wasser verlassen und Land-
verstecke aufsuchen, dann ist von solchem Dimorphismus
zwischen Männchen und Weibchen nicht mehr viel zu sehen
und eine Unterscheidung der Geschlechter schon viel schwie-
riger. In den mißfärbigen, unter Steinen zusammengekauer-
ten Molchen sind da die farbenfreudigen Gestalten der Frühlingszeit kaum mehr zu erkennen.

In sehr verschiedener Weise erfolgt die Abgabe und
Befruchtung der Eier. Der Wasserfrosch, der Taufrosch,
der Moorfrosch, der Springfrosch, der Laubfrosch und die
beiden Unken geben die Eier in Klumpen, die Erdkröte, die
Wechselkröte, die Kreuzkröte, die Knoblauchkröte und der
Feßler in Schnüren ab. Diese Eierklumpen und Schnüre
werden von den Männchen sofort beim Austreten befruchtet.
Bezüglich der Unterbringung der Eier geben sich unsere
heimischen Froschlurche keine besondere Mühe. Die Frösche
geben ihre Eier einfach ins Wasser ab, wo dann der Klumpen
zu Boden sinkt; während aber der Taufrosch seine aus mehreren Tausend Eiern bestehende Laichmasse in einem einzigen Klumpen absetzt, gibt der Wasserfrosch den Laich
stoßweise ab, die einzelnen Partien fallen zu Boden, verschwinden zwischen den Wasserpflanzen der größeren stehenden Gewässer, in denen der Wasserfrosch laicht, und fallen
daher nicht so auf, wie die großen Klumpen des Taufrosches

in den seichteren Wässern. Der Laubfrosch laicht mit Vorliebe in dicht bepflanzten stehenden Gewässern, so daß die
kleinen Laichklumpen, in zwei bis fünf Partien abgesetzt,
so lange zwischen den Wasserpflanzen liegen bleiben, bis
die jungen Quappen ausgeschlüpft sind. Die Schnüre der
Kröteneier werden um schwimmende Wasserpflanzen, Baumwurzeln, Holzstücke, Steine gezogen, indem die Weibchen,
sowie die erstausgetretene und von den Männchen sofort
befruchtete Eierpartie befestigt ist, eine ruckweise Bewegung
nach vorne machen. Bei den Erdkröten gehen die Eier in
zwei 3—5 Meter langen, anfänglich 3—4 mm, später durch
Aufquellen bleistiftdicken Gallertschnüren, zu dritt in je
einem Dreieck angeordnet, ab, ebenso bei den Wechselkröten, nur daß die Schnüre weniger breit sind; noch schmäler und viel kürzer sind die beiden Eierschnüre der Kreuzkröten, in welchen die anfangs in einer Doppelreihe angeord-
neten Eier beim Aufquellen in eine Reihe zu liegen kommen.
Kurz, etwa 30—45 cm lang, und dick, 10—12 mm, ist die
einfache Eierschnur der Knoblauchkröte. In mehreren
Klümpchen, jedes aus acht bis dreißig losen, graubraunen
Eiern gebildet, stoßen die Unken ihre Eier ab. Um das
weitere Schicksal der abgegebenen Eier bekümmern sich
die elterlichen Tiere nicht weiter. Nur beim Feßler, der
sich abweichend von allen unseren heimischen Froschlurchen
auf dem Lande paart und auch auf dem Lande laicht, findet
eine Art „Brutpflege", wie sie bei verschiedenen exotischen
Lurchen bekannt geworden ist, statt. Hier übernimmt das
Männchen, das auf dem Rücken des Weibchens sitzt und
dieses umarmt hält, die in zwei Perlschnüren abgehenden,
bald aber in eine Schnur sich vereinigenden Eier, die es sofort befruchtet, mit den Fersen, drückt sie durch abwechseln-
des Einziehen und Wiederausstrecken der Hinterfüße in die
Kreuzgegend hinauf und hier weiter zurecht, bis sich der
ganze Eierknäuel auf dem hinteren Teil des Rückens und
den Schenkeln befindet, und trägt nun die Eierlast, die den

Träger, obwohl die Schenkel wie „gefesselt" erscheinen, in seinen Bewegungen gar nicht zu beirren scheinen, so lange herum, bis die Larven ausschlüpfreif geworden sind.

Sorgsamer als bei den meisten unserer Frösche und Kröten ist die Unterbringung der, wie wir schon gehört haben, durch Eindringen des Samens in die Kloakenspalte innerlich zur Befruchtung kommenden Eier bei unseren Tritonen. Hier suchen die Weibchen, wenn die Eier legereif geworden sind, nach passenden Plätzen an Wasserpflanzen, um die Eier an den Blättern abzulegen. Man sieht da die Weibchen suchend zwischen den Wasserpflanzen herumkriechen, passende Blätter mit den Zehen umfassen, umbiegen, an die Kloake pressen und in den so entstandenen Hohlraum ein oder zwei Eier ablegen. Größere Blätter findet man so an der Blattspitze und den beiden Seiten eingerollt und an allen drei Stellen mit je einem Ei belegt.

Die Eier unserer verschiedenen Lurche werden in sehr verschiedener Zahl abgegeben und sind nach Größe und Färbung verschieden. Bei der Erdkröte, dem Taufrosch werden in einer Laichperiode mehrere Tausend Eier abgegeben, beim Springfrosch bis zu 1200, auch bei dem kleinen Laubfrosch an 800 bis 1000, bei der Wechselkröte und der Knoblauchkröte an 1000, beim Feßler in den einzelnen Ablaichungen je 20 bis 100 Eier. Die Eier des Laubfrosches sind gelblichweiß, oben bräunlichgrau angeflogen, die des Wasserfrosches oben bräunlich, unten gelb, die des Taufrosches dunkel- bis schwarzbraun, die des Springfrosches noch dunkler, die der Erd- und Wechselkröte tiefbraunschwarz, die der Kreuzkröte tiefschwarz mit gräulichem Fleck, die Eier der Knoblauchkröte braunschwarz mit einem ganz zarten weißlichen Fleck, die des Feßlers einige Zeit nach erfolgter Abgabe wasserhell. Die kleinsten Eier sind die der Wechselkröte (0,5 mm im Durchmesser), der Erdkröte (1 mm), der Knoblauchkröte (1 mm), des Laubfrosches (1 bis 1,5 mm) und des Wasserfrosches (1—1,7 mm), die größten

Eier die des Feßlers (3 mm) und des Taufrosches (2 mm). Bei den Tritonen sind die Eier, die einzeln zur Abgabe gelangen, von der Größe eines halben bis eines ganzen Hirsekornes und, je nach der Art, gräulich, gelblich oder bräunlich.

Auch wenn all die Frosch- und Schwanzlurche, die sich da an den stehenden Gewässern zur Paarung zusammengefunden haben, wieder über Land zerstreuen oder in ihre Wasserverstecke sich zurückziehen, gibt es für den Beobachter des Lurchlebens noch zu sehen genug. So oft man auch die weitere Entwicklung des abgelegten Frosch- und Krötenlaiches verfolgt hat, es interessiert uns in jedem Jahre wieder, dem allmählichen Werdegange der Larven beobachtend zu folgen und die interessante „Metamorphose", die Umwandlung der fischähnlichen, fußlosen, kiemenatmenden Wasserbewohner in vierfüßige, lungenatmende, für das Landleben befähigte Tiere vor sich gehen zu sehen.

An dem Froschlaich und Krötenlaich fällt uns vor allem die gallertartige Masse auf, von der die Eier umhüllt sind. Dieser Gallerte kommen mehrfache Aufgaben im Interesse der günstigen Entwicklung der Eier zu. Diese widerstandsfähige, schlüpfrige Gallerthülle schützt die Eier, wenn auch nicht gegen alle Wasservögel, so doch gegen viele andere, dem Laich gefährlich werden könnende Tiere der stehenden Gewässer, vor allem gegen Fische, Schnecken, Krebstiere, schützt die Eier gegen Austrocknung, vergrößert den Zwischenraum zwischen den einzelnen Eiern und macht so eine für die Atmung und den Stoffwechsel der Keimlinge sehr wesentliche Vermehrung der Wasserzufuhr möglich; sie wirkt aber auch für die Eier in der Art eines Treibhauses, indem sie die, bessere Aufnahme der Sonnenwärme ermöglichende Wirkung der schwarzen Farbe der Eier dadurch bedeutend fördert, daß sie einerseits die Sonnenstrahlen ungehindert eintreten läßt, andererseits den von dem Eie ausgehenden Strahlen größerer Wellenlänge den Austritt verwehrt und sie durch Wärmeleitung wieder dem Ei zuführt.

Darum sind auch die schon im Vorfrühling abgelegten Eier des Taufrosches tiefschwarz, von großen Eihüllen umgeben und schwimmen auf der Oberfläche der Gewässer, um der wärmenden Sonnenstrahlen teilhaft zu werden, während die viel später abgegebenen Eier der Wasserfrösche, Laub-frösche, Unken nicht so dunkelfarbig sind, kleinere Gallert-hüllen zeigen und sich unterhalb der Oberfläche der Ge-wässer oder auf deren Boden entwickeln, wohin um diese Zeit schon hinreichende Wärme eindringt. Indem weiters diese glashellen Kugeln wie Sammellinsen wirken, locken die von ihnen im Sonnenschein geworfenen, grellen Licht-punkte die Schwärmsporen kleiner Algen an, diese siedeln sich auf der Gallerthülle an, und solcher grüner Algenüber-zug führt den Eiern reichlich Sauerstoff zu.

Schon wenige Tage nach der Befruchtung erscheint die ganze Dotterkugel in eine Larve umgewandelt, bestehend aus einem plattgedrückten Kopf mit endständigem Mund, gleich an den Kopf sich anschließendem Bauchsack und breitum-säumtem Ruderschwanz. Zu Hunderten haften diese, durch die Kiemenatmung, das einfache Herz und den platten Ruder-schwanz fischähnlichen, fußlosen Tierchen an den Resten der Gallerthüllen. Nun kommen am Halse ästig verzweigte Kiemen zum Vorschein, die aber bei den Froschlurchen bald wieder verschwinden und durch neue, von einer Hautver-dopplung überwachsene Kiemenblättchen ersetzt werden. In allmählicher Verarbeitung des Dotters, der im Inneren der Bauchgegend vorhanden ist und diese deshalb aufgetrieben erscheinen läßt, streckt sich nun der Leib in die Länge, vergrößert sich der Schwanz immer mehr, wird dessen Haut-saum immer höher; bald kommen die anfangs unter der Haut verborgenen Gliedmaßen zum Vorschein, und zwar bei den Froschlurchen die Hinterbeine zuerst. Auch wenn schon die gleichzeitig mit den Hinterfüßen angelegten, aber noch länger unter der Haut versteckt gebliebenen Vorderfüße nach außen durchgebrochen sind, bewegen sich diese Kaulquappen hauptsächlich mit Hilfe des Ruderschwanzes. Sind einmal die vier Gliedmaßen wohl ausgebildet, dann ist auch

Abb. 4. Froschlurchentwicklung (Taufrosch): Frischer Laich (1), einige Tage alter Laich (2), Embryonen nach fünf Tagen (3), an den Gallerthüllen und Wasserpflanzen haftende Larven nach Verlassen der Eihülle (4), herumschwimmende Larven (5), einige Tage ältere Larven mit jetzt am stärksten entwickelten äußeren Kiemen (6), einige Tage ältere Larven nach Verlust der äußeren Kiemen (7), noch ältere, aber noch immer fußlose Larven (8, 9).

die Metamorphose des manchem Wandel unterliegenden Mundes beendet. Zuerst gehen, von der Mitte aus allmählich nach rechts und links weiter fortschreitend, im Frosch-

munde die auf den Kammplatten sitzenden Stiftzähnchen
verloren; dann beginnen die Hornzahnplatten des Unter-
und Oberkiefers zu schwinden, zuerst die Platte in der Mitte
des Unterkiefers, dann die in der Mitte des Oberkiefers,
darauf die seitliche Platte des Unterkiefers und zum Schluß
die seitliche Platte des Oberkiefers; dann beginnt der
Schwund der Lippenwülste,
zuerst der der Mundspalte
nächstgelegenen, und ganz
am Schlusse fallen auch die
Lippenrandpapillen dem
Schwunde anheim. Jetzt
funktionieren auch schon
als Anhänge des Vorder-
arms zur Entwicklung
gelangte Lungen, der dop-
pelte Blutkreislauf ist in
Tätigkeit, und so haben
sich allgemach diese Frosch-
lurchjungen, die von tier-
ischer und pflanzlicher
Kost, der sie anfangs mit

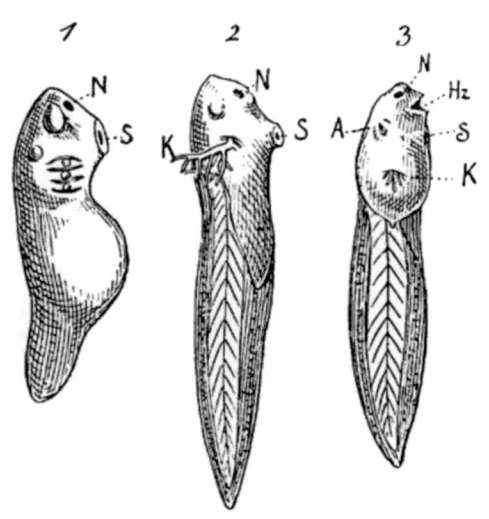

den Hornzähnchen, dann
mit den Hornscheiden des
Mundes beikamen, lebten,
in die ungeschwänzten,
Kleintiere fressenden fertigen Lurche umgewandelt,
indem der Schwanz mehr

Abb. 5. Die Froschlarven des vorigen Bildes
(3, 6, 7) vergrößert: Embryo vor dem Verlassen der Eihülle mit warzenförmigen
Kiemenvorsprüngen (1), Larve einige Zeit
nach dem Ausschlüpfen mit Kiemenver-
zweigungen (2) und ältere Larve mit Horn-
schnabel und kleiner Kiemenspalte unter dem
häutigen Kiemendeckel, mit inneren Kiemen
(3). Nach Ecker. N Nasengrube, K Kiemen,
S Sauggrube, Hz Hornzähne, A Auge.

und mehr verkümmert, einschrumpft und schließlich ganz
verschwindet. Bei den Schwanzlurchen bleiben die Kiemen
viel länger, tritt die Bewaffnung der Kiefer mit Hornzähnchen gar nicht ein, kommen zuerst die Vorderbeine zum
Durchbruch, gestaltet sich der seitlich zusammengedrückte
Ruderschwanz zu einem drehrunden oder doch saumlosen

Schwanze um und ist der Dünndarm, der bei den auch pflanzliche Nahrung aufnehmenden Froschlurchlarven spiralig gerollt ist, schon im Larvenzustande verkürzt.

Hier dürfte es wohl am Platze sein, der Versuche künstlich herbeigeführter Parthenogenese in Kürze zu gedenken, wie sie E. Bataillon bei Eiern vom Wasserfrosch, Taufrosch und Bachneunauge angestellt hat. Er konnte bei Anwendung von Kochsalz- oder Rohrzuckerlösung, besonders

Abb. 6. Verwandlung der Knoblauchkröte.

schnell, wenn die Eier nach etwa halbstündigem Aufenthalt in 30 bis 35 Grad warmem Wasser plötzlich in solches von 10 bis 12 Grad gebracht wurden, die Eier zu wiederholter Teilung bringen. Bei Anwendung von sechsprozentiger Zuckerlösung schritt in einigen Fällen die Entwicklung der Eier bis zum Blastulastadium und zur Ausbildung einer unregelmäßigen Furchungshöhle vor; solche Entwicklung konnte er schließlich auch ohne vorherige Steigerung der Temperatur und dann folgende Abkühlung erzeugen. Bei den Froscheiern war die Teilung in allen Fällen nur eine partielle. Bataillon nimmt an, daß bei solcher künstlicher Parthenogenese die angewendeten Reagentien direkt auf das Ei einwirken und es dadurch zu einer Konzentration des Plasmas kommt.

Wir verlassen nun die junge Lurchwelt der stehenden Gewässer, der wir später wieder begegnen werden, und sehen uns nach Reptilien um, die ja auch schon im Frühling aus ihrem Winterschlaf erwachen. Wenn man an recht sonnigen, milden Wintertagen ab und zu eine Eidechse, sich vor ihrem Schlupfloch sonnend, trifft und man nach wenig strengen Wintern vereinzelten Kriechtieren schon im Vorfrühling begegnet (ich habe wiederholt schon anfangs März Bergeidechsen und Kreuzottern im Freien getroffen; v. Martens sah im Jahre 1850 die erste Bergeidechse am 28. Februar), so fällt das eigentliche Frühjahrsleben und die Fortpflanzungszeit unserer Kriechtiere doch nicht, wie bei manchen Lurchen, in den Vorfrühling. Die ersten Wochen nach beendetem Winterschlaf vergehen mit Versuchen der Wiedereingewöhnung in das Sommerleben nach so langer Winterstarre. Wärmegierig strecken sich die Tiere, ohne viel Bewegung zu machen, in die wohltuenden Sonnenstrahlen, erst allmählich erlangen die Glieder wieder die frühere Geschmeidigkeit. Es scheint sogar, daß auch die Freßlust erst wieder wach werden muß, denn wiederholt konnte ich sehen, daß solch eine wärmedurstig in die Sonne erster Frühlingstage sich breitende Eidechse eines vorbeikriechenden Käfers gar nicht achtete. Dann kommt es ja auch auf das Vorkommen der verschiedenen Tiere an, ob sie früher oder später ihr frohes Frühlingsleben beginnen. Den Gebirgsbewohnern unter ihnen erschließt sich die wärmere Jahreszeit später als denen der Ebene; im Süden tummeln sich Eidechsen schon im Freien herum, wenn ihre Verwandten im Norden noch im Schlafe liegen. Und auch in derselben Gegend sind die Existenzverhältnisse nicht in jedem Jahre dieselben. Zuweilen lockt anhaltende Wärme Pflanzen und Tiere schon im Februar zu frühem Frühjahrsleben und dann kommen wieder Jahre, in welchen der Winter nicht weichen will und bis zum Mai hin die Fluren frostig umfangen hält.

Im allgemeinen verlassen bei uns die Echsen und Schlangen im März oder April ihre Winterquartiere, wie es scheint, wo der Winter nicht zu streng und langdauernd ist, die Bergeidechse (Lacerta vivipara Bonap.) vor der Zauneidechse (Lacerta agilis Wolf). Die grüne oder Smaragdeidechse (Lacerta viridis Laur.), die im Süden schon im Februar im Weinlande sich herumtreibt, erwacht bei uns im April. Die Mauereidechse (Lacerta muralis Laur.) kann man im Süden unserer deutschen Heimat schon im März im Freien sehen. Später, meist erst anfangs April, läßt sich die Blindschleiche (Anquis fragilis L.) blicken. Ende März erwachen die Ringelnatter (Tropidonotus natrix L.), die Würfelnatter (Tropidonotus tesselatus Laur.), etwas später die Schlingnatter (Coronella austriaca Laur.) und die Äskulapnatter (Coluber longissimus Laur.). Eine der ersten Schlangen, die bei uns ihre Winterquartiere verlassen, ist die Kreuzotter (Vipera berus L.). Später, zuweilen erst im Mai, zeigt sich die Viper (Vipera aspis L.). Die Sandotter (Vipera ammodytes L.), die für unser Gebiet hier nur aus Kärnten und Tirol in Betracht kommt, ist schon im März im Freien zu sehen. Die Sumpfschildkröte (Emys orbicularis L.) kommt Ende April oder anfangs Mai zum Vorschein.

Ehe für alle diese aus dem Winterschlaf Erwachten die Zeit der Minne gekommen ist, entledigen sie sich des während der langen Winterruhe spröde und farbentrüb gewordenen Hautkleides, sie häuten sich. Es ist dies ein für die Gesundheit dieser, in beständiger Berührung mit dem Boden ihre Oberhaut rasch abnützenden Tiere wichtiger, periodischer Prozeß, für sie ebenso unerläßlich, wie für die Vögel und die Säugetiere die Abschuppung der Oberhaut. Bei den Echsen löst sich die alte Haut in größeren oder kleineren Fetzen ab; das Herumstreifen zwischen Steinen, Durchschlüpfen durch enge Steinspalten, Reiben an Steinkanten erleichtert das Abstreifen der Hautfetzen. Die Schlangen ziehen ihr altes „Hemd" auf einmal aus, indem sich die abzustreifende Haut am Kopf und Kinn loslöst, in zwei Klappen umstülpt und nun wie ein Handschuh, die Innenseite nach außen gekehrt, abgestreift wird; um solches Ausziehen des alten Kleides leichter zu gestalten, gehen die Schlangen vor der Häutung häufig ins Wasser. Je gesunder und kräftiger die sich häutenden Tiere sind, um so rascher geht die Häutung vonstatten. Eingeleitet wird dieser mehrmals im Jahre sich vollziehende Prozeß durch eine Lage mikroskopisch kleiner „Häutungshaare", welche sich im Inneren der Epidermis bilden und durch ihre Stellung und Starrheit die abzuwerfende alte Haut mechanisch abheben; haben sie diese

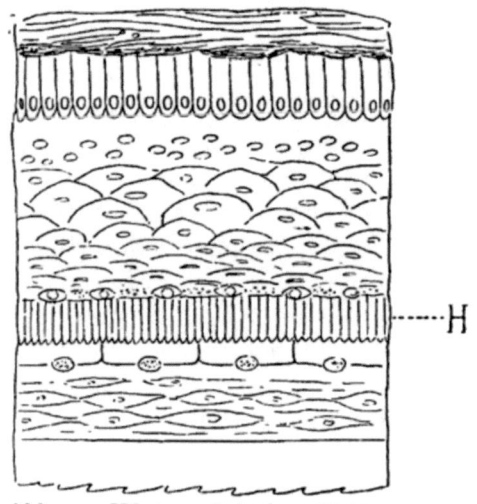

Abb. 7.   Häutung bei einer Natter.
H Häutungshaare.

Aufgabe erfüllt, dann wandeln sie sich zum Teile in die konzentrischen Streifen, scharfen Spitzen und Leisten der Außenseite der Reptilienbeschuppung um. Auch die Lurche unterziehen sich nach Beendigung ihres Winterschlafes einer solchen Häutung, die bei dem feuchteren Aufenthalte dieser Tiere die Beseitigung der viel schlafferen Haut weit leichter erscheinen läßt. Bei den Wassermolchen geht sie wohl am raschesten vonstatten; hier dringt das Wasser, sobald sich die alte Haut an den Kiefern loszulösen beginnt, zwischen

die alte und neue Haut ein, so daß die Tiere wie in einem
Wassersack zu stecken scheinen und aus diesem nur heraus-
zuschlüpfen brauchen. In unseren Aquarien kann man ja
solche ausgezogene Hemden, die mit den von den Fingern
und Zehen gestreiften Handschuhen und Strümpfen ein
Ganzes bilden, herumschwimmen sehen. Nicht so spielend
vollzieht sich die Häutung bei den Kröten und Fröschen.
Es war mir, wie ich schon vor langem berichtet habe,[*)]
wiederholt aufgefallen, daß einzelne Erdkröten, ohne vorher
im Wasser gewesen zu sein, am ganzen Körper reichlich
befeuchtet, an einer Stelle kauerten und mit ersichtlicher
Anstrengung an einem Gegenstande zu würgen schienen. Bei
genauerer Besichtigung sah ich dann eines Tages eine solche
Kröte an einem zu beiden Seiten des Mundes herausstehen-
den, mit den Vorderfüßen verbundenem Strange zerren;
dieser Strang verschwand einerseits partienweise im Munde,
schob sich an den Vorderbeinen nach und wurde endlich
ganz über die Finger herabgezogen. Kommt man zurecht,
um einer solchen Entkleidung vom Anfange an zusehen zu
können, so sieht man, wie eine solche sich häutende Kröte
unter verschiedensten Körperbewegungen, bei welchen die
Drüsen der Oberhaut reichlich Flüssigkeit absondern, so
daß die Kröte wie in Schweiß gebadet aussieht, die alte
Haut aufsprengt, darauf zuerst die Haut des Hinterleibes zur
Abstreifung bringt, die Haut dann mit Hilfe der Hinterbeine weiter nach vorne hin abstreift, dann auch noch mit
dem Munde zufaßt und die Hautstränge hinabwürgend
schließlich die ganze Oberhaut über Rücken, Bauch, Vorderbeine und Kopf hinwegzieht. Daß eine auf solche Weise
sich häutende Kröte sehr ermüdet, zeigen die oftmaligen
Pausen, in welchen das Tier mit zu Boden gerichtetem Kopfe
in ganz eigentümlicher Stellung rastet, ehe sie in der
Häutungsarbeit fortfährt.

---

[*)] Amphibiologie, 1878, S. 277.

Unsere Braunfrösche: Taufrosch (links oben). Springfrosch (rechts oben)
und Moorfrosch (beide Frösche unten, links die Varietät nigromaculata
Wolterst.).

Da diese zeitweilige Erneuerung der Oberhaut bei Lurchen und Kriechtieren während der Wintermonate unterbleibt, so wird die Haut während dieser langen Pause ganz mißfarbig, spröde, runzlig und fällt daher die Farbenfrische des Kleides nach der ersten Frühjahrshäutung um so mehr auf. In diesem schmucken Hochzeitsgewande gehen nun auch die Echsen und Schlangen an die Paarung. Jetzt ist auch die Zeit, in der die Echsen, die ja von allen Reptilien im Freien am lebhaftesten auffallen, ihre Munterkeit ganz besonders entfalten. Man sieht da die Männchen miteinander regelrechte Zweikämpfe auskämpfen; die Beine steif aufgestellt, gehen die Männchen hochaufgerichtet mit gesenktem Kopfe aufeinander los; wie zwei Streithähne messen sie sich eine Weile, dann sucht eines das andere beim Schweife zu packen; flüchtet der schwächere Gegner, so eilt ihm der andere stürmisch nach. In gleicher Hoch-

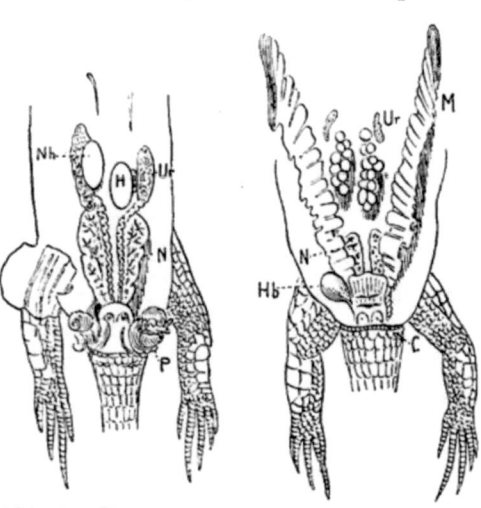

Abb. 8. Urogenitalapparat einer männlichen (links) und weiblichen (rechts) Eidechse. Nach Grobben. N Endniere, Nh Nebenhoden, Ur Urnierenreste, H Hoden, Hb Harnblase, P Penis, C geöffnete Kloake, M Müllerscher Gang und Eileiter.

stellung des Leibes umkreisen die werbenden Männchen die Weibchen, die mit eigentümlich zitternden und zappelnden Bewegungen antworten. Auch bei den Schlangen regt sich nach der ersten Häutung im Frühjahre der Fortpflanzungstrieb und stößt man auf seinen Spaziergängen häufig genug auf innig verschlungene Schlangenpaare. die stundenlang, ohne sich zu regen, beisammen bleiben. Bei den sich paarenden Echsen packt das größere Männchen das Weibchen mit den Kiefern oberhalb der Schwanzwurzel, hält es so fest und preßt die hervortretenden Geschlechtsteile gegen die Kloake des Weibchens; nach etwa drei Minuten läßt das Männchen wieder los. Bei beiden Geschlechtern, besonders aber beim Männchen, tritt aus einer Reihe von Poren am hinteren Unterseitenrande des Oberschenkels eine gelbliche, an der Luft erstarrende Drüsenabsonderung in Gestalt kleiner Zapfen hervor. In ähnlicher Weise erfolgt die Paarung bei der Blindschleiche, bei der das Männchen das Weibchen mit den Kiefern am Kopfe oder Halse festhält und seine Afteröffnung gegen die des Weibchens preßt. Noch inniger und andauernder ist die Paarung bei den Schlangen; hier bleiben die Männchen, die in der Regel kleiner sind und deren an der Innenseite mit harten Stacheln besetzte, um- gestülpte Ruten fest anhaften, stundenlang mit den Weib- chen vereinigt. Bei der Sumpfschildkröte leitet das Männ- chen die Paarung damit ein, daß es mit seinem Kopfe wieder- holt gegen den des Weibchens stößt, dann auf dessen Rücken steigt, sich mit den Krallen anklammert und nun stunden- lang auf dem Weibchen bleibt.

Schließen wir dieses Kapitel von dem Frühlings- und Liebesleben der Lurche und Kriechtiere mit der Betrachtung des Dimorphismus bei Kriechtieren, bei welchen, we- nigstens bei unseren heimischen Reptilien, die Zwiegestalt der Geschlechter nicht so auffallend sich kundgibt, wie bei den meisten Lurchen. Am ersichtlichsten tritt sie noch zu- tage bei den Eidechsen, bei welchen die meist kleineren Männchen, wenigstens zur Paarungszeit ein viel lebhafteres Farbenkleid zur Schau tragen, so daß man bei ihnen wirk- lich von einem Hochzeitskleide sprechen kann. Bei den männlichen Eidechsen sind auch die Schenkelporen während der Paarungszeit stärker entwickelt, die Hinterbeine kräf- tiger, die Schwanzwurzel verdickter als bei den Weibchen. Bei der Sumpfschildkröte erscheint die Bauchschale des Männchens in der Mitte schwach ausgehöhlt oder eingedrückt, während sie beim Weibchen flach oder sogar gewölbt sein kann, auch ist der Schwanz des Männchens länger. Die weiblichen Blindschleichen zeigen den Schwanz deutlicher vom Rumpfe abgesetzt und sind erheblich länger als die Männchen, an den Seiten dunkler als am Rücken, während die Männchen an den Seiten und oft auch auf dem Bauche heller sind. Auch die Schilderdefekte auf dem Kopfe, meist von dem Bisse herrührend, mit dem das Männchen bei der Paarung das Weibchen festhält, verraten die Weibchen. Bei der Zauneidechse hat man lange die lebhaft grünen und die bräunlichgrauen Tiere als verschiedene Arten auseinander gehalten, bis es sich herausstellte, daß die oben hellgelbbraunen, gelb-, gras- oder blaugrünen oder gelblichen, am Rücken braun gefärbten Exemplare die Männchen, die hell-, blau- bis schwarzgrauen Tiere mit den lebhaften Augenflecken an den Seiten die Weibchen sind; die Unterseite der Männchen ist in der Regel spärlich, die der Weibchen reichlich gepunktet. Hellgrüne Exemplare, auf den Seiten ganz ohne Augenflecken, aber mit vielen dunklen Punktflecken gezeichnet, sind gleichfalls Männchen. Viel weniger in der Färbung voneinander unterschieden zeigen sich die Männchen und Weibchen der grünen Eidechse; in der Regel ist die Kehle des Weibchens mehr gelb, die des Männchens mehr blaugrün; doch erkennt man die Männchen an den sehr stark hervortretenden Schenkelwarzen, an den kräftigeren Beinen, an der dickeren, an der Unterseite gewölbteren Schwanzwurzel und an dem längeren, höheren, stärkeren Kopf mit der stark aufgetriebenen Schläfengegend und den kräftig hervortretenden Kiefern. Die Männchen der Bergeidechse sind längergestreckt und längerbeinig als die Weibchen und auch in der Färbung und Zeichnung deutlich verschieden, indem die Männchen auf der Unterseite immer gelbrotgefärbt, schwarz gefleckt oder gepunktet sind und die dunklen Flecken der Oberseite viel deutlicher, zahl-

reicher und weiter ausgebreitet auftreten, während die Weibchen auf der Unterseite immer hellgelb, ungefleckt sind
und die weniger deutliche Fleckenzeichnung der Oberseite
sich nicht auch auf die Oberseite des Schwanzes und die
Leibesseiten ausdehnt und sie überhaupt auf der Oberseite
in der Regel hellerfarbig erscheinen als die Männchen. Bei
der außerordentlichen Farbenveränderlichkeit der Mauereidechse ist eine sichere Unterscheidung der Männchen und
Weibchen all der verschiedenen Varietäten nach Färbung
und Zeichnung sehr schwierig; doch läßt sich für die hier
in Betracht kommende typische Form sagen, daß beim
Männchen das charakteristische dunkle Längsband an den
Rändern wellig oder ausgezackt und in der Regel weißlich
gefleckt, der Kopf dunkel punktiert, die Unterseite ganz
rot oder doch rostrot gefleckt ist, während beim Weibchen,
das auch kleiner ist, das Längsband dunkler ist, geradelinig
verläuft, nicht weiß gefleckt ist, nach unten stets von einer
weißen und unter dieser wieder von einer dunklen Linie
begrenzt ist, die dunklen Punkte auf dem einfarbig grauen
Kopfe fehlen und die Unterseite weiß ist. Bei allen Schlangen unterscheiden sich die Männchen durch die Verdickung
der Schwanzbasis und die geringere Größe von den Weibchen. Bei der Ringelnatter, Würfelnatter, Äskulapnatter
lassen sich einigermaßen sichere Unterschiede der Geschlechter hinsichtlich der Färbung und Zeichnung nicht an-
geben. Ich habe zwar alle mit einem rotgelben Halbmond-
makel auf dem Hinterkopf gezeichneten Ringelnattern als
Männchen gefunden, es sollen aber auch so gezeichnete
Weibchen bekannt geworden sein. Bei allen Männchen der
Schlingnatter scheint der Kopf schmäler, längergestreckt zu
sein als der breitere Kopf der Weibchen. Wohl ist aber
bei den meisten unserer heimischen Vipern der Dimorphismus in verschiedenen äußeren Merkmalen, bei der Kreuzotter und der Viper auch in der Färbung und Zeichnung
zum Ausdruck gebracht. Bei der sehr variablen Kreuzotter

sind die Männchen auf silbrigweißem, hellgelb-, asch- oder grüngrauem Grunde mit einer lebhaft sich abhebenden Zickzackbinde gezeichnet, wogegen die Weibchen die trübere Zeichnung von der weit weniger lebhaften Grundfärbung weniger deutlich abstechend zeigen. Auch bei der Viper sind die Weibchen düsterer, dunkler gefärbt. Dagegen bestehen bei der Ursinischen Viper (Vipera ursinii Bonap.) und bei der Sandviper bezüglich der Färbung beider Geschlechter keine Unterschiede. Bei allen vier Vipernarten unserer Fauna aber sind die Männchen kleiner als die Weibchen und von diesen durch die verschiedene Zahl der Bauch- und Unterschwanzschilde und die verschiedene Länge des Schwanzes verschieden. Die Zahl der Bauchschilde beträgt beim Männchen der Kreuzotter 132—158, der Ursinischen Viper 120—135, der Viper 139—158, der Sandviper 133 bis 164, bei den Weibchen dieser vier Arten 132—155, bezw. 125—142, 141—158 und 137—164, die Zahl der Unterschwanzschilde bei der Kreuzotter 33—41 beim Männchen, 25—35 beim Weibchen, bei der Ursinischen Viper 30—37 beim Männchen, 20—28 beim Weibchen, bei der Viper 33 bis 46 und bei der Sandotter 32—46 beim Männchen, 24—32 beim Weibchen. Die Schwanzlänge beträgt bei den Männchen der Kreuzotter $1/7$—$1/8$, der Ursinischen Viper $1/7$—$1/9$, der Viper $1/6$—$1/8$, bei den Weibchen $1/9$—$1/11$, bezw. $1/9$—$1/12$ und $1/8$—$1/10$ der Gesamtlänge, während bei der Sandotter die Schwanzlänge der Männchen und der Weibchen nicht wesentlich verschieden ist.

# Heimische Lurche und Kriechtiere im und am Wasser.

(Unsere Frösche. Unterscheidung der drei Braunröcke. Der Wasserfrosch und der Seefrosch. Der Laubfrosch, sein Farbenwechsel, seine Haftorgane. Der Laubfrosch als Wetterprophet. Der Moorfrosch. Froschbastarde. Die Rotbauchunke. Froschlurchkonzerte. Unsere Tritonen. Der Kammmolch. Der gemeine Teichmolch. Der Fadenmolch. Die Ringelnatter. Die Würfelnatter. Die Sumpfschildkröte.)

Haben wir so das Frühjahrsleben unserer heimischen Lurche und Kriechtiere kennen gelernt und, sie in größerer Zahl beisammen zu sehen, Gelegenheit gehabt, so wollen wir nun den, je nach ihrer Lebensweise im Wasser und dessen Umgebung Bleibenden oder nach allen Seiten sich Zerstreuenden nachgehen und sie in ihren eigentlichen Aufenthalten aufzusuchen.

Die Gewässer und deren Umgebung sind auch nach dem Frühling der Tummelplatz zahlreicher Lurche und mancher Kriechtiere. Schon wenn wir uns einem Weiher, einem Sumpfe nähern und die vorliegenden Wiesen überschreiten, hüpfen große und kleine braune Frösche vor uns auf. Da und dort meldet sich aus dem grünen Buschwerk heraus ein Laubfrosch. Und sind wir dem dichtbewachsenen Ufer ganz

nahe gekommen, dann hasten in großen Sätzen die Wasserfrösche vom Lande, wo sie sich insektensuchend herum-
getrieben haben, ins Wasser zurück.

Von allen Lurchen sind es unstreitig die Frösche,
welche am meisten zur Belebung ihres Aufenthaltsortes beitragen. Ihr glattes Kleid mit den hübschen, frischen Farben,
ihr munteres, lebhaftes Wesen, ihre Sprungfertigkeit haben
diese grünen und braunen Gesellen, die sich nicht scheu in
dunklen Winkeln versteckt halten, sondern einigermaßen,
wenn auch in der Nacht am lebhaftesten, ein fröhliches Tagleben führen, viel beliebter gemacht, als die runzligen und
warzigen, mißfärbigen, versteckt und eigentlich nur nächtlich lebenden Kröten. Daß sie auch von ihren Stimmmitteln
fleißig Gebrauch zu machen wissen, hat noch weiter zu ihrer
Popularität beigetragen. Man kann sich einen Sumpf oder
Weiher ohne diese quakende Froschgesellschaft gar nicht
recht denken. Dazu stellt die heimische Froschwelt einen
grünen Gesellen, der sich von dem ausschließlichen Boden-
leben, wie es bei allen unseren Lurchen Regel ist, einigermaßen frei gemacht hat, indem er die Sträucher und Bäume
seiner Wasserheimat erklettert und aus hoher luftiger Baum-
höhe herab seinen munteren Quakruf hören läßt.

Diesen Laubfrosch und auch den Wasserfrosch wird
wohl kaum jemand mit anderen Lurchen unserer Heimat
verwechseln. Schwerer ist es, die drei Braunröcke der deutschen Lurchfauna auseinander zu halten. In launiger und
treffender Weise hat O. Böttger die drei deutschen Braunfrösche unterscheiden gelehrt. Die Wahrscheinlichkeit, daß
wir, wenn uns im Freien ein Braunfrosch aufstößt, einen
Taufrosch vor uns haben, ist unter hundert Stücken gewiß
80:20. Er ist an der kurzen, stumpf abgerundeten Schnauze
und der mehr oder weniger deutlichen, rotbraunen oder gräu-
lichen Fleckenzeichnung auf dem Bauche sicher zu erkennen.
Springt vor uns ein ganz besonders langbeiniger Braunfrosch
auf, dessen außerordentliche Springfertigkeit uns sofort auf-

fällt, den wir dann bei näherer Besichtigung auch viel zarter als den Taufrosch gebaut finden, so haben wir den in Deutschland gerade nicht häufigen Springfrosch vor uns, durch die ziemlich lange, zugespitzte Schnauze, die stark vorspringenden, zapfenartigen Gelenkhöcker auf der Unterseite der Finger und Zehen und die rein- oder gelblichweiße, ungefleckte Unterseite des weiteren gekennzeichnet. Ebenfalls eine zugespitzte, vorspringende Schnauze und ungefleckte, milch- oder gelblichweiße Unterseite hat auch der Moorfrosch; aber während, wenn man beim Springfrosch das Hinterbein dem Körper entlang nach vorn ausstreckt, das Fersengelenk über die Schnauzenspitze hinausreicht, erreicht es beim Moorfrosch höchstens die Schnauzenspitze; dann ist der seitlich zusammengedrückte Mittelfußhöcker schaufelförmig und länger als die Hälfte der anliegenden ersten Zehe und springt die drüsige, heller gefärbte Längswulst an den Rückenseiten stark hervor; den Moorfrosch kennzeichnet auch ein breiter, heller Streifen längs der Rückenmitte.

Der echteste Wasserbewohner unter diesen Froschlurchen ist ohne Frage der Wasserfrosch (Rana esculenta L.), nach der Erdkröte unser größter heimischer Froschlurch. Bei der typischen Form, die sich durch das hübsche Grün, Blaugrün oder Braungrün der Oberseite kennzeichnet, werden die Männchen wohl nur etwa 7,5 cm, die Weibchen an 9 cm lang, viel größer aber, bis 15 cm lang, bei der als Seefrosch (Rana esculenta var. ridibunda Pallas) beschriebenen Varietät. Während bei der typischen Form der Höcker am Grunde der Innenzehe groß, seitlich zusammengedrückt, halbmondförmig ist und etwa die halbe Länge oder doch ein Drittel der Länge der kleinsten Zehe aufweist, hat der Fersenhöcker des Seefrosches nur ein Viertel bis höchstens ein Drittel der Länge der kleinsten Zehe und ist stumpf, seitlich nicht zusammengedrückt. Die Oberseite des Seefrosches ist nicht so reingrün, wie bei der typischen Form,

spielt mehr ins Braune oder ist ganz braun. Die Hinterseite des Schenkels ist bei der typischen Form schwarz und
gelb gefleckt, beim Seefrosch weißlich oder bräunlich,
schwarzgefleckt, nie gelb. Wir kommen übrigens auf diese
zwei Formen des Wasserfrosches und die S. 11 schon er-
wähnte Varietät: lessonae Bouleng. noch später zu sprechen.
Von Buschwerk umstandene Weiher, mit reichem Pflanzen-
wuchs bedachte Sümpfe und Brüche sind der Lieblingsaufenthalt des Wasserfrosches. Doch ist er hie und da auch
an Bachufern zu treffen. In solchen Gebieten vermehrt er
sich bei sonst günstigen Existenz-
verhältnissen überaus rasch und
stößt man da auf Schritt und Tritt
auf eine Gruppe von Wasserfröschen.
Wie da diese lebhaften Tiere in
großen Sprüngen vom Lande, wo
man sie in ihrer Insektenjagd gestört hat, ins Wasser hasten, kräftig
rudernd in die Tiefe stoßen oder in
den Schutz einer Pflanzeninsel hin-
überschwimmen, mit allem Behagen
auf einem Teichrosenblatte sich

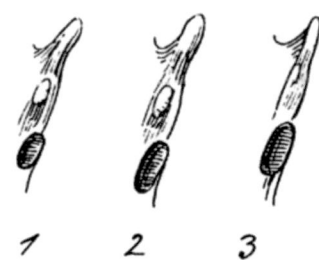

Abb. 9. Innenzehe bei den
drei Wasserfroschvarietäten:
ridibunda (1), typica (2) und
lessonae (3). Nach Werner.

hinlagern, jetzt nach einer Fliege hasten, auf eine Schnecke
losstürzen, aber auch einen ahnungslos ihnen nahe gekom-
menen Froschjungen eigener oder fremder Art packen und
hinabwürgen, mit welcher Unermüdlichkeit sie vom Abend
an bis in den Morgen hinein ihr Gequarre hören lassen,
das haben wir alle ja von Jugend auf immer wieder beobachtet. Jedenfalls darf dem Wasserfrosch nachgesagt werden, daß er zu den lebhaftesten, gewandtesten, lautesten,
listigsten seines Geschlechtes gehört.

Der grüne Laubfrosch (Hyla arborea L.) bleibt auch
nach dem Laichen gern in der Nähe des Wassers und hält
sich im Laube der Sträucher und Bäume der Sumpf-
und Bachufer, im Röhricht und Grase an den stehenden

Gewässern, auf den Bäumen großer Gärten, denen Weiher nicht fehlen, aber nicht selten auch in der Umgebung ganz kleiner Wasseransammlungen auf. Bei sehr starken Regen, heftigen Winden flüchtet er ins Wasser oder birgt sich unter Steinen, in Baumlöchern. Das hübsche Grün, der auffallende Wechsel der Färbung, der angenehme Ruf, die Kletterfertigkeit, der allgemeine Glaube an sein Wetterprophetentum haben dem Grünrock viele Freunde gewonnen. Hebt man einen dieser grünen Gesellen an einem angenehmen, nicht zu heißen Tage von seiner Blattunterlage ab, so präsentiert er sich in schönem Laubgrün oben, gelblichem Weiß unten, beide diese Farben geschieden durch einen schwarzen, nach oben weißlich gesäumten Streifen, der bei der Nase beginnt, bis zur Weiche gerade verläuft, hier eine Schlinge macht und dann bis zum Hinterschenkel weiterzieht. In diesem grünen Schutzkleide weiß sich das Tier gut geborgen, und fällt es selbst dem auf der Laubfroschsuche Begriffenen nicht leicht, die auf den Blättern klebenden Frösche aufzufinden und auch die Froschfängerinnen der Schlangenwelt, denen der Grünrock gewiß erwünschter wäre, als manch anderer Lurch, werden seiner nur zufällig habhaft. Aber das Grün der Blätter hat nicht während des ganzen Jahres die gleiche grüne Farbe, wird mit der Zeit mißfärbiger, nimmt gelbe, graue, braune Nuancen an. Und wenn der Laubfrosch auf der Insektenjagd oder durch schlechtes Wetter vertrieben oder beim Aufsuchen des Wassers seinen Laubschutz verläßt, dann nützt ihm seine Anpassung an die Laubfarbe gewiß nichts. Da kommt ihm aber seine außerordentliche Fähigkeit des Farbenwechsels zugute. Je nach Standort, Färbung und Belichtung seiner Umgebung, vor oder nach der Häutung, Veränderung der Temperatur, des Luftdruckes, aber auch je nach seinem Befinden, wenn er an Nahrungsmangel leidet, Wasser entbehrt, erscheint sein Farbenkleid verändert, wird sein Sattgrün zum Gelbgrün, Blaugrün, Graugrün, Hellgelb, Himmel-

— 43 —

blau, Graubraun, Silbergrau, und ist er jetzt einfarbig, dann
wieder grau, braun oder schwärzlich gefleckt oder marmoriert. In seiner Willkür, je
nach Bedarf jetzt dieses,
dann wieder dieses Far-
benkleid anzulegen, steht
es freilich nicht, doch steht
dieser Farbenwechsel mit
den verschiedenen Ein-
drücken, die unter ge-
änderten Verhältnissen
auf das Auge des Tieres
einwirken, im ursäch-
lichem Zusammenhange.
Die Froschhaut besteht
aus der Epidermis, welche
vollständig von Zellen
gebildet ist, die in ihrer
innersten Lage Zylinder-
zellen besitzen und aus
der Cutis, welche vorzugsweise faserig ist, Nerven,
große Höhlungen zur Auf-
nahme von Drüsen und
meist von Pigment er-
füllte zellige Elemente
enthält. Diese pigment-
führenden Zellen, die so-
genannten Chromato-
phoren(Farbstoffträger),
sind es, deren Ver-

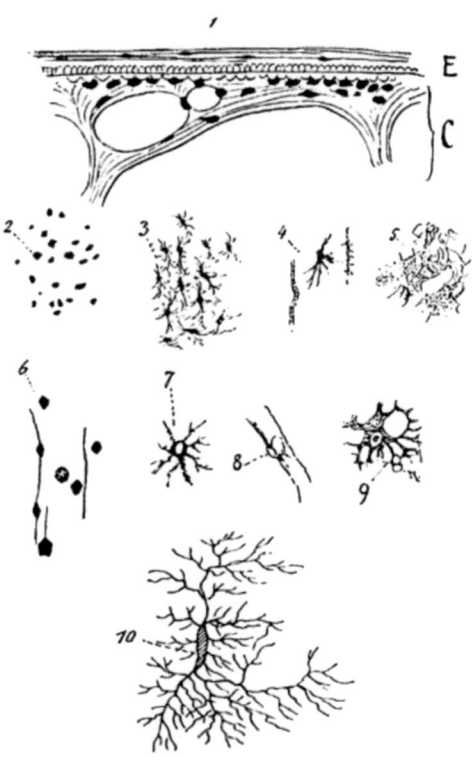

Abb. 10. Chromatophoren: 1 Durchschnitt
durch die Froschhaut (E Epidermis mit 4 Pig-
mentzellen, C Cutis), 2 ganz zusammengezogene, 3 und 4 halb ausgebreitete, 5 ganz
ausgebreitete, 6 ganz zusammengezogene, an
einem Capillargefäß liegende. 7, 8, 9 ausgebreitete Chromatophoren der Froschhaut.
Nach Lister. 10 Pigmentzelle einer Tritonlarve.

teilung und Fähigkeit, sich auf gewisse Reize zusammenzu-
ziehen, die auffälligen Farbenveränderungen herbeiführen.
Die Färbung der Chromatophoren, deren Pigment bei den
verschiedenen Tieren und an den verschiedenen Körper-

stellen gelb, braun, schwarz, selbst rot oder grün ist, ist bei der Ausdehnung der Zellen eine andere, als bei deren Kontraktion. Listers Untersuchungen haben gezeigt, daß die Tätigkeit dieser Chromatophoren bei Tieren mit chromatischer Funktion, wie hier beim Laubfrosch, von der Gesundheit der Augen abhängt; so lange die Augen durch den Sehnerv mit dem Gehirn in Verbindung stehen, wirkt das von der Umgebung reflektierte Licht energisch auf die Chromatophoren ein; sobald aber die Augen zerstört oder die Sehnerven abgeschnitten werden, sind die Chromatophoren nicht mehr imstande, die verschiedenen Schwankungen in der Farbe und Lichtintensität der Umgebung zu empfinden. Weitere von Pouchet vorgenommene Untersuchungen haben dann u. a. den Beweis erbracht, daß die beiden sympathischen Nerven den leitenden Weg abgeben, der die Chromatophoren zur Veränderung ihrer Lage veranlaßt. Man hat übrigens solchen mehr und minder auffallenden Farbenwechsel auch an anderen Lurchen beobachtet. Man kann

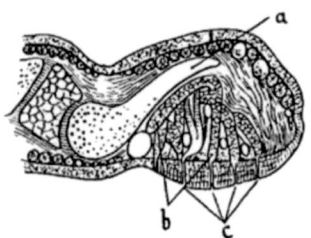

Abb. 11. Längsschnitt durch den Zehenballen eines Laubfrosches: a Knochen des letzten Zehengliedes, b Klebdrüsen, c) deren Ausführungsgänge.

leicht wahrnehmen, daß Wasserfrösche, Taufrösche, Erdkröten, Wechselkröten, Kreuzkröten je nach wärmerer oder kälterer Witterung, feuchterem oder trockenerem Aufenthalte, grellerer oder verminderter Lichteinwirkung u. s. w. die Farben und Zeichnung ihres Kleides mannigfach variieren und lebhaft hervortreten lassen oder sehr vertrüben.

Auch die Fähigkeit des Laubfrosches, an glattesten Wänden emporzukommen und sich auf solchen festzuhalten, war Gegenstand eingehender Untersuchungen, die zu interessanten Ergebnissen und verschiedenen Annahmen führten. Während Schuberg die Haftfähigkeit des Laubfrosches dahin erklärt, daß infolge der Wirkung glatter Muskelfasern

an den scheibenförmig erweiterten Finger- und Zehenenden
Lymphflüssigkeit austritt und die so zwischen den Endballen
und der Unterlage erzeugte Flüssigkeit durch Adhäsion das
Anhaften möglich macht, sind andere der Ansicht, daß sich
beim Anlegen der Endballen unter diesen ein luftverdünnter
Raum bildet und so der Luftdruck die Finger- und Zehen-
ballen an die Unterlage anpreßt. Für das „Schleifen" der
Haftballen auf der Unterlage beim Andrücken derselben

Abb. 12.    Laubfrosch (Männchen rechts).

spricht auch die Tatsache, daß sich die Laubfrösche auch,
ja nur mittels der Bauchfläche festzuhalten vermögen und
auch der Kehlsack als Haftorgan wirkt, und Schuberg nach-
zuweisen vermochte, daß auch hier, wie an den Haftballen,
aus den Drüsen warzenartiger Erhebungen ein Sekret ausgeschieden wird und daß die Bauchhaut durch Bindegewebs-
säulchen mit der Bauchmuskulatur in Verbindung steht, so
daß durch Kontraktion der Muskeln die Bauchhaut zu
starker Spannung kommt.

Seit langem steht der Laubfrosch als Wetterprophet
in gutem Ansehen. In neuerer Zeit hat man diese Fähig-

keit des Laubfrosches in Frage gestellt, ja direkt verneint. Ich möchte in dieser Richtung nicht beipflichten. Wie die „Bauernregeln" bezüglich des Wetters, so wunderlich sie manchmal klingen, doch gewiß auf altererbte Überlieferungen und Beobachtungen zurückzuführen sind und manches Wahre enthalten, liegen auch der allgemeinen guten Meinung vom Laubfrosch als Wetterpropheten diesbezügliche Beobachtungen über das Verhalten des Laubfrosches vor Wetteränderungen zugrunde. Die Landbevölkerung hat ja da viel besser Gelegenheit, zu sehen und zu hören. Ohne Frage empfinden alle Lurche bei ihrem Feuchtleben Veränderungen im Luftdrucke, in der Temperatur, in der Feuchtigkeit der Atmosphäre viel besser und früher, als wir, und speziell beim Laubfrosch ist ja der Einfluß solcher Luftveränderungen auf seine Färbung nachgewiesen. Es prophezeit also der Laubfrosch eigentlich schon, ohne laut zu werden, im Wege des Farbenwechsels seiner Haut. Wer aber unserem Grünrock in der Gefangenschaft und im Freien fleißige Beachtung schenkt, wird sich der Wahrnehmung nicht entziehen können, daß sein Verhalten bei verschiedener Witterung nicht das gleiche ist, daß sich aus seinem plötzlichen Lautwerden nach langer Stille, aus einer gewissen Unruhe, dann wieder tagelangem Hinbrüten auf einer Stelle, dem Aufsuchen oder Meiden des Wassers Rückschlüsse auf bevorstehenden Witterungswechsel oder zu erwartendes Anhalten der herrschenden Witterung ziehen lassen. Natürlich könnten solche Wetterprognosen erst auf Basis langjähriger, ununterbrochener Beobachtung sichere Form annehmen. Ich entsinne mich wiederholter Fälle, daß ich, in Gedanken verloren, im Grünen dahinwanderte und mich plötzlich aus dem Laubgrün heraus das Gequake eines Laubfrosches aus meinem Sinnen wachrief; manchmal blieb es bei dem einmaligen Ruf, zuweilen aber ließ sich der Rufer in kurzen Pausen immer wieder hören, und bald antworteten da und dort andere; am nächsten Morgen war an Stelle der

heiteren Windstille des Vortages stürmisches Wetter eingetreten. Die Laubfrösche lassen sich aber auch während
wochenlang anhaltender heißer Tage abends fleißig hören,
da klingt der Ruf in unseren Ohren wie Klage nach Regen.
Ich denke, der Laubfrosch mag ein ganz guter Wetterprophet
sein, aber wir verstehen seine Prognosen heute noch nicht
zu deuten.

Jedenfalls verdient unser schmucker, kletter-, spring- und
schwimmgewandter, durch seinen fleißigen Fliegenfang nütz-
licher Grünrock die allgemeine Beliebtheit, die dazu geführt
hat, daß sich der Mensch sogar aus dieser allgemein gemiedenen und arg verlästerten Welt der Lurche einen Haus-
genossen geholt hat. Dem allbekannten „Froschhäuschen"
begegnen wir ja sogar da, wo für anderes Stubengetier der
Raum oder die Fürliebe fehlt. Und Freude bereitet der
kleine Gefangene seinem Pfleger in seinem ganzen Gehaben
genug. Lebhaft atmend sitzt da der Grüne auf einem Blatte
und blickt träumerisch ins Freie; plötzlich wird er einer
Fliege gewahr und schon hat er dieselbe in jähem Sprunge
erbeutet; behaglich klettert er seine Leiter, die unvermeid-
liche Beigabe unserer Froschhäuschen, empor, um sich seine
Umgebung von einem höheren Standpunkte aus zu betrachten; mit ersichtlichem Wohlbehagen begibt er sich an
heißen Tagen in seine Wasserwanne und nimmt ein küh-
lendes Bad; allgemach lernt er seine Pfleger von anderen
unterscheiden, wird sofort lebhaft, wenn man an sein Haus
herantritt, kommt dem Futter, das man für ihn bereithält,
auf halbem Wege entgegen oder stellt sich, den einen Vorderfuß auf die dargereichte Hand gestützt, auf und holt sich
die Fliege aus der Hand, bleibt auch ohne alle Scheu auf
der Hand sitzen oder treibt sich, nach längerem Gefangen-
leben überhaupt freigelassen, in der Stube herum und kehrt
nach fleißiger Fliegenjagd wieder in sein Haus zurück.

Von den drei Braunfröschen ist es der Moorfrosch
(Rana arvalis Nilss.), der sich mit Vorliebe am und im Wasser

aufhält. Im Gebirge nicht zu finden und meist auch das
trockene Wiesenland, bebautes Feldgebiet seinen beiden
Verwandten überlassend, wählt er vor allem die moorigen
Wiesen, die sumpfigen Überschwemmungsgebiete der Ebenen, die mit sauren Gräsern, Sumpfheide, Sonnentau, Sumpf-
weiden und Erlen bestandenen Moore, reich bewässertes
Wiesenland in der Umgebung schilfiger Teiche zum Aufenthalt. 5 bis höchstens 7 cm lang ist der Moorfrosch der
kleinste der drei heimischen Braunfrösche und auch die
vor nicht langem wenigst gekannte Art der drei Braunröcke deutschen Landes. Seines Fortpflanzungslebens und
der Unterschiede zwischen Männchen und Weibchen haben
wir schon gedacht. Hier sei noch erwähnt, daß zwischen
den Moorfröschen und den lange mit ihnen zusammen-
gestellten Taufröschen sehr wesentliche anatomische Unterschiede bestehen. So hat Leydig konstatiert, daß die Samen-
fäden des Moorfrosches einen wurstförmigen, vorne abgestutzten, walzigen Kopf haben, während der Kopf der Samen-
fäden des Taufrosches viel länger, spitzer, schmälerfädig,
rutenförmig ist.

Dies führt uns zu einer anderen Frage. Es liegt nahe,
zwischen den einzelnen Froscharten die Existenz von
Froschbastarden anzunehmen. Nach seinem Aufenthalt
steht der Moorfrosch zwischen dem Wasserfrosch und dem
Tau- und Springfrosch. Pflüger hat den Versuch gemacht,
vom Tau- und Moorfrosch Bastarde zu erzielen, was ihm
nicht gelang, wie er annimmt, eben wegen der so großen
Unterschiede der Samenköpfe beider Arten. Der Bastardierung zwischen Wasserfrosch und Moorfrosch wieder liegt
die verschiedene Brunstzeit der beiden Arten hinderlich im
Wege. Pflüger und Born hatten, um diese Schwierigkeit zu
umgehen, Wasserfrösche südlicher Provenienz und Moorfrösche aus nördlichen Gegenden gepaart, aber die Wasser-
froschweibchen litten beim Transport und es war nur immer
ein Teil der Versuchstiere tatsächlich brünstig. So kam es

nur zwischen männlichen Wasserfröschen und weiblichen
Taufröschen wirklich zur Paarung und zur Laichabgabe, doch
gelangten in den günstigsten Fällen die Embryonen nur bis
zur Bildung des Rusconischen Afters, in einem einzigen Falle
bis zum Verschluß desselben. Glücklicher war W. Gebhardt,
indem es ihm gelang, von den Männchen und den Weibchen beider Arten brünstige Exemplare zu erhalten und zu
bastardieren und die Entwicklung der Bastarde bis zu späteren Stadien zu verfolgen. Weder bei der Befruchtung noch
während der ersten Stadien der Furchung zeigten sich von
der normalen abweichende Erscheinungen. Die meisten Bastarde scheitern aber dann bei der Gastrulation, alle aber
bei der Bildung der Rückenwülste. Dem bastardierten Ei
scheint also die spezifische Entwicklungsenergie des normalen Eies zu fehlen. Gegen die Annahme, daß man im
Moorfrosche die natürliche Bastardform zwischen Wasserfrosch und Taufrosch zu sehen habe, spricht, wie O. Böttger
betont, schon die Tatsache, daß der Wasserfrosch eine voll-
kommene Schwimmhaut, der Taufrosch eine fast vollkom-
mene, der Moorfrosch aber eine ganz unvollkommene, nur
zur Brunstzeit etwas breitere Schwimmhaut besitzt, während
doch nach den Regeln der Vererbung der Moorfrosch die
Merkmale der Schwimmhaut wie beim Wasserfrosch oder
wie beim Taufrosch oder in der Mitte zwischen beiden liegend, keinesfalls aber schwächer als bei beiden Eltern er-
erbt haben müßte. So dürfte es also in der freien Natur
trotz mannigfacher diesbezüglicher sexueller Verirrungen
zu einer tatsächlichen Bastardierung zwischen den drei
Braunfroscharten nicht kommen wegen der anatomischen
Verschiedenheiten, und desgleichen nicht zwischen Wasserfröschen und Moorfröschen und auch nicht zwischen Erdkröten und Wechselkröten oder Erdkröten und Kreuzkröten,
trotzdem eine künstliche Bastardierung zwischen den drei
echten Kröten tatsächliich gelungen ist, weil eben die Laichzeit des Wasserfrosches und des Moorfrosches, dann die

der Kreuzkröte und Wechselkröte einerseits und der Erdkröte andererseits zu sehr auseinander liegen und die Hoch-
brunst der einen Arten schon vorbei ist, wenn die anderen
Arten erst in die Brunst eintreten. Am leichtesten ist eine
Bastardierung zwischen der Wechselkröte und der Kreuzkröte, dort, wo sich beide Arten nebeneinander finden, möglich. v. Kochs „Kreuzkröte ohne Rückenstreifen" und eine von
Krefft ebenfalls in Braunschweig gefangene Kröte sind vielleicht solche Bastarde.

Am anspruchslosesten unter den wasserbewohnenden
Froschlurchen in bezug auf die Beschaffenheit ihrer Wohn-
gewässer sind wohl die Unken, von welchen wir hier die
Rotbauchunke oder Tieflandsunke (Bombinator igneus
Laur.), oben je nach Aufenthalt heller oder dunkler grau,
dunkelgefleckt, unten blaugrau oder schwarzblau, orangerot,
seltener feuerrot gefleckt und reichlich weiß gepunktet, besprechen wollen. Alle Sümpfe, Teiche mit seichteren Ufern
sind von ihr belebt. Sie fehlt aber auch nicht in kleineren
Laken und Pfützen und auch nicht in den trüben Lehmlaken
der Ziegeleien und in den nach warmem Regen entstandenen
zeitweiligen Tümpeln und Wassergräben. Nur klares
Wasser, in welchem sie zu auffällig wäre, meidet sie. Am
besten behagen ihr reichlich mit Wasserlinsen überzogene
Gewässer. Die Unken gehören zu unseren lebhaftesten Lurchen. Rasch und flink hüpfen sie in der Umgebung ihres
Wasseraufenthaltes in kurzen, hastigen Sprüngen umher.
Auf dem Lande überrascht und nicht mehr imstande, in das
Wasser zu entkommen, ducken sie sich platt auf die Erde
nieder und bleiben ruhig liegen, in ihrem erdfarbigen Grau
kaum von der Bodenfarbe sich abhebend. Weiter beunruhigt,
schlagen sie in eigentümlicher Pressung des Körpers Kopf
und Füße über, so daß das grelle Rot der Unterseite zutage
tritt, wobei sie eine scharfe, schaumige Flüssigkeit absondern. Im Wasser sitzend, lassen sie ihre kleinen Köpfchen
hervorlugen und merkt man sie erst, wenn man, durch ihr

zartes „ung" aufmerksam gemacht, nach ihnen Umschau hält. Tritt man näher, so tauchen sie eiligst unter und verkriechen im Schlamme, kommen aber bald wieder nach oben.

Auch wenn uns in der Nähe der Gewässer nichts von Fröschen und Kröten in den Weg käme, würden wir schon durch die mancherlei und ab und zu recht kräftigen Rufe aus dem Wasser her an das Dasein dieser Wasserbewohner gemahnt. Den fast stummen Reptilien und Fischen gegenüber sind die Froschlurche an Stimmfähigkeit entschieden überlegen. Wer der mannigfachen Laute gedenkt, wie sie ihm auf seiner Lurchsuche seitens der verschiedenen Frosch- und Krötenarten, zumal zur Laichzeit, aber auch zu anderer Jahreszeit zu Ohr kamen, wird zugeben, daß diese Lurche über ein recht abwechslungsvolles Stimmregister verfügen. Obenan als Froschsänger stehen die Wasserfrösche, deren Männchen ihr gedehntes, knarrendes und quakendes „Ekekekeke", „Koa, koa" laut, ausdauernd und mit ersichtlichem Vergnügen im Chorus exekutieren, so daß man in der Tat von einem „Froschkonzert" sprechen kann. Wer im Monat Mai oder später mit dem Eintritt der Nacht hinaus ins Sumpfland wandert oder auch nur von einem Landhause in die Ferne hinaus horcht, dem klingt in immer volleren Tönen der laute Nachtgesang der Wasserfrösche entgegen, mit dem eigentümlichen Zauber, den ihm kein Feind dieser Tiere wegzuleugnen vermag. Soll ich irgend eine Stelle aus dem lebensfrischen „Tierleben" Brehms nennen, die mich besonders fesselte, so ist es jene, die mit warmen Worten die Sangeslust unserer Teichfrösche gegen die Nervenschwäche mancher Menschen in Schutz nimmt. Wer aus den engen Mauern der Großstadt nie hinauskommt und das frische Tier- und Pflanzenleben der herrlichen Natur nur nach den steifen Alleen, den künstlichen Gärten, den Wasserbassins mit feisten Gold- und Silberfischen, den Menagerien mit eingekerkerten Tieren kennt, dem ist freilich

die nicht ganz ebene Landstraße, der unbequeme Wald mit
all den toll sich windenden Pfaden, der übelriechende Sumpf
mit den so kunstlos und überlaut quakenden Inwohnern ein
Greuel. Wer aber wahre Freude an allen Äußerungen der
ihm von Jugend auf vertrauten Natur empfindet, dem ist ein
solcher Naturlaut ein lieber Gruß aus ferner, lang entschwun-
dener Jugendzeit, der ihm manchen feineren Kunstgenuß
aufwiegt, ohne daß ihm für letzteren das Verständnis zu
fehlen braucht. Dann ist der Nachtgesang unserer Froschlurche durchaus nicht so monoton und einförmig, als er
gewöhnlich verschrien ist. Welche eigene Poesie in diesen
für manche so entsetzlichen Tönen liegt, fühlt jeder, der in
schöner Sommernacht von einem befreundeten Gutsnachbar
nach Hause fährt oder geht und da an einem Sumpfe vorbei-
kommt. Von Ferne schon tönt ihm der tausendstimmige
Chor dieser Sänger im Wasser entgegen, verstummt aber
plötzlich, sobald man an den Sumpf tritt. Erst wenn man
diesen wieder im Rücken hat, beginnt es wieder laut zu
werden. Zuerst ein kurz abgebrochener Laut eines Frosches,
dem von da und dort ebenso schüchterne Versuche anderer
folgen. Dann läßt sich mit mehr Bravour ein geübterer
Sänger hören, endlich fallen immer mehrere und mehrere in
kräftigster Weise ein, und bald singen sie alle wieder in
gewohnter, gemeinsamer Weise. Dies periodische Verstummen einzelner und Miteinstimmen anderer, dies Singen
bald an dem einen, bald an dem anderen Teichende, dann
wieder der vereinigte Ruf der ganzen Gesellschaft bringt so
viel Abwechslung in diesen Chorgesang, daß ich es ganz
und gar nicht verstehen kann, wie man ihn eintönig nennen
mag. Es scheint, als ob der leise Wind bald mehr, bald
weniger von den Schallwellen zu uns trüge, und unser Ohr
vermag kaum zu unterscheiden, was jetzt wie eine wehmütige
Klage von den schon weit Zurückgebliebenen, als vielstim-
miges, herausforderndes Geschrei der zu unseren Seiten Befindlichen, als dumpfes Grollen der noch vor uns in den

Sümpfen sich Tummelnden uns zugetragen wird. In den Jahren der Kindheit konnte solcher Nachtgesang all der Kröten und Frösche der Sümpfe und Teiche unser Ohr nicht treffen, ohne uns gespannt auf den Ruf dieser verwandelten Prinzen unserer Märchen hören zu lassen. Heute noch klingen uns diese Töne aus der Zeit so mancher Nacht- partie lebhaft nach, während so vieles andere dem Gedächtnis spurlos entschwunden ist. Verfolgt man solch ein Frosch- konzert genauer, so hört man deutlich, wie verschieden die alten und die jüngeren Tiere rufen und allerlei Motive sich mengen, dabei aber, wie H. Landois in seinen „Tierstimmen" sagt, das trillernde „r" und das Schleifen zweier oder dreier benachbarter Töne durch die geringsten Intervalle vor- herrscht. Daß man sich der Viellautigkeit solches Frosch- gesanges schon seit alten Zeiten bewußt war, beweisen die vielen onomatopoeischen Bezeichnungen, wie wir sie im Grie- chischen und Lateinischen für den Frosch selbst und sein Singen finden. Überaus reich ist die deutsche Sprache an mannigfaltigen Bezeichnungen für das Quaken der Frösche. Man hat auch versucht, den vielstimmigen Chorgesang der Wasserfrösche folgendermaßen in seine Einzelmelodien auf- zulösen und festzuhalten:

„Brekeke — brekeke, krekete! — krax tuu! — brekete, brekeke! — brekeke, quarr, brekete, tuu! — brekeke, bre- keke, brekeke — brekeke, brekeke, brekekebrekeke! — krax tuu, brekeke, brekeke! —"

Bei weitem nicht so laut werden die Braunfrösche, die sich nur selten hören lassen und deren Stimme aus wenigen schwachen, einander rasch folgenden Quaktönen besteht. Am stillsten, daher lang mit dem Attribut: „muta" (der Stumme) bedacht, ist der Taufrosch, von dem man nur zur Paarungszeit ein etwas schnarrendes Knurren oder, wenn er von einer Schlange oder einem anderen Tiere gepackt wird, einen lauteren Klageruf zu hören bekommt. Etwas klarer, aber noch leiser hört sich der Ruf des Moorfrosches und des

Springfrosches an. Hörbar heller sind die von weiblichen Braunfröschen in der Angst ausgestoßenen Laute. Recht vernehmlich ist das rasch nacheinander ausgestoßene „äpp, äpp, äpp" des Laubfrosches, das man zuweilen die ganze Nacht hindurch zu hören bekommt. Andere wollen in seinem Ruf ein dem Zikadengesang nicht unähnliches „Kreck, kreck, kreck" hören. Ein quiekendes, rasch nacheinander folgendes „öng, öng, öng" oder feines „wi, wi, wi" läßt die männliche Erdkröte ärgerlich hören, wenn sie bei der Paarung gestört wird, nur ganz selten ein tieferes Knurren das Weibchen. Recht angenehm hört sich der Ruf der männlichen Wechselkröten an, den Méhely mit „k(i)rrr, k(i)rrr" oder (bei älteren Männchen) „k(u)rrr, k(u)rrr" wiedergibt, während Pallas den Ton, den die männliche Wechselkröte hören läßt, mit jenem verglich, der entsteht, wenn man durch eine Röhre Luft ins Wasser bläst. Aber auch an das Zirpen der Grillen und wieder an grunzende Laute erinnern manche Töne dieser Krötenart, deren Weibchen nur ein leises Quieken hören lassen. Sehr laut ist das schnarrende, lang anhaltende, eintönige „ärrrrr" der Kreuzkröte, die mit dem Wasserfrosch und dem Laubfrosch zu unseren lautesten Froschlurchsängern gehört. Schon der alte Rösel gedenkt der lauten, anhaltenden Nachtgesänge der Kreuzkröte, die schon im April, vor der Laichzeit dieser Kröte, ihren Anfang nehmen und fast mit gleicher Ausdauer, wie die Chorgesänge des Wasserfrosches, bis tief in die Nacht hinein exekutiert werden. Nach C. Bruch nimmt solcher Chorgesang seinen Anfang, indem ein Männchen mit einem lockenden, leisen „Gluck, gluck, gluck" beginnt, dem dann ein charakteristisches „ra, ra" folgt, welches bald, sobald einmal der ganze Chorus einstimmt, in ein weithin hörbares, andauerndes „errrrrrrr" übergeht. Wenn auch eintönig und sehr schwach, so doch wie aus der Ferne kommender Glockengesang klingt das leise, einsilbige „ung" der Unken, das aber, wenn die ganze Unkenversammlung eines Tümpels zu gemeinsamem

Konzerte sich vereinigt, bei den verschiedenen Individuen von verschiedener Höhe des Tones ist und so einen recht melodischen Rundgesang hören läßt. Ein lautes, tiefes Glucksen oder Grunzen ist der Ruf der Knoblauchkröte, von der man aber auch, z. B. wenn sie am Fuße gepackt wird, ein klägliches Miauen vernehmen kann, wie dies schon Rösel beobachtet hat; diese lauten Kehlkopftöne, sagt Kammerer, sind in ihrem phonetischen Charakter vom Paarungsruf ganz verschieden und stehen dem Tiere auch lange vor Eintritt der Geschlechtsreife, nämlich bereits nach der Metamorphose, zur Verfügung. Eigenartig, wie das Klingen eines Glasglöckchens klingt der helle Ruf, den der Feßler, bis in den August hinein, in kurzen Pausen hören läßt; er hört sich, wie Fischer-Sigwart angibt, an, wie der Klang, den ein aus ziem-

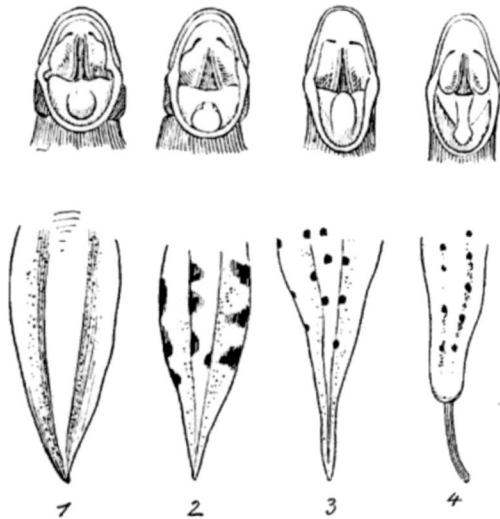

Abb. 13. Form der Gaumenzahnreihen, Zunge und des Schwanzes bei unseren Tritonen: 1 Kammmolch, 2 Alpentriton, 3 gemeiner Teichmolch, 4 Fadenmolch. Nach Schreiber und Werner.

licher Höhe in ein halbgefülltes Kristallglas fallender Wassertropfen verursacht. Solchem Lautwerden der Froschlurche gegenüber bleiben die Schwanzlurche recht still. Feuer- und Alpensalamander lassen ganz selten piepsende Laute hören, wobei aber noch fraglich ist, ob man es da nicht mit zufälligen, auf andere Weise entstandenen Geräuschen beim Verlassen des Wassers, plötzlichem Öffnen des Mundes zu tun hat. Nach Landois und anderen Beobachtern lassen die

Feuersalamander, wenn sie nach warmen Regen aus ihren Verstecken hervorkommen und munter herumkriechen, ein vernehmliches „ük" — „ük" hören. Berührt man Tritonen rasch und unsanft, so hört man einen hellen quakenden Ton.

Die Tritonen halten sich auch nach der Paarung noch wochenlang (oder auch immer) im Wasser auf und ziehen sich meist erst im heißen Sommer in dunkle Verstecke, unter Steine, Baumwurzeln zurück. Heuer haben alle meine Alpentritonen und Teichmolche in den Glaswannen sofort nach dem Laichen das Wasser verlassen und sich in Ermangelung anderer Trockenplätze auf die über das Wasser hinausragenden Pflanzen hingelagert oder an die Glaswände festgeklebt. So hübsch und zierlich sich unsere Tritonen im Wasser ausnehmen, in welchem sie sich, mit dem breiten Ruderschwanze das Wasser peitschend, hurtig bewegen, am Boden oder zwischen den Wasserpflanzen nach Würmern und anderem Wassergetier Umschau halten, von Zeit zu Zeit senkrecht in die Höhe kommen, um zu atmen, sich dann schlängelnd wieder fallen lassen, so unansehnlich in ihrem Äußeren und unbeholfen in ihren Bewegungen erscheinen sie außer Wasser.

Die Bezeichnung dieser Wassermolche als Tritonen, ist uns eine so liebgewordene, daß wir es mit Wolterstorff beklagen, daß in strenger Auslegung des Prioritätsgesetzes, welches auch die Benützung eingegangener und verschollener Synonyme verbietet, der fast hundertjährige Name: „Triton" dem viel jüngeren, sprachlich unschönen: „Molge" weichen mußte. Aber es bleibt uns ja unverwehrt, den geläufigen Namen in das Deutsche herüberzunehmen, und keinesfalls möchte ich der versuchten Bezeichnung der Wassermolche als „Molche" gegenüber den Landmolchen als „Salamander" das Wort reden, eine Trennung, die ja schon im Hinblick auf das Sommerlandleben unserer Tritonen nicht gerechtfertigt erscheint.

Von unseren vier deutschen Tritonen ist der Kammmolch (Molge cristata L.) weitaus der größte (16—18 cm).

Der Kammmolch zieht klare, reine Gewässer größerer Sümpfe und Teiche vor, während der viel weiter verbreitete kleine, gemeine Teichmolch, Streifen- oder Gartenmolch (Molge vulgaris L.) auch in seichteren Wassergräben, Laken und selbst in trüben Pfützen und Tümpeln nicht fehlt und der Fadenmolch, Leistenmolch oder Schweizertriton (Molge palmata Razoum.), auch in trüben Altwässern, besonders in Pfützen, die viel abgestorbenes Laub enthalten, vorkommt, überhaupt gerne an die Waldwässer sich hält. Dem Alpentriton und den beiden Landmolchen werden wir bei Besprechung der Lurche und Kriechtiere des Gebirges begegnen.

Nicht so auffällig wie die bisher besprochenen Wasserbewohner der Lurchwelt kommen uns die im und am Wasser lebenden zwei Wassernattern unter. Aber es gibt Zeiten, zu welchen der Kundige an geeigneten Orten auch diesen Tieren häufiger begegnet. Ich entsinne mich da lebhaft einer Exkursion in Niederösterreich, die mich von Retz durch die Wälder der Kaja an die mährische Grenze zu den Ufern der Thaya führte. Als ich da an einem sonnigen Augusttage des Jahres 1881 aus dem Walde heraus an die reich bebuschten Ufer der fischreichen Thaya kam, glaubte ich meinen Augen nicht trauen zu dürfen, als ich Schritt auf Schritt auf dem der Sonne zugewendeten Gezweige der Ufergebüsche Würfelnattern in die Sonne sich breiten sah, die nun eilends ins Wasser hinabglitten; ich hatte ihrer bald eine Menge erbeutet und hätte ihrer Hunderte einfangen können, denn die ganze Uferstrecke entlang wiederholte sich der gleiche Anblick sich sonnender und auf meine Annäherung davonhastender Nattern.

Die eine unserer zwei heimischen Wassernattern, die allbekannte Ringelnatter (Tropidonotus natrix L.), ist wohl auch weitab von allem Gewässer zu finden und werden wir ihr auch im Waldgebiete begegnen; doch sind von Gebüsch umstandene Sümpfe und Teiche, wie sie auch den Froschlurchen am besten zusagen, langsam fließende Bäche und Flüsse ihr Lieblingsaufenthalt. Hier findet man sie am Ufer sich sonnend oder auf der Froschjagd begriffen, oder man sieht sie im Wasser, den Kopf über der Wasseroberfläche, oder trifft sie gerade, wie sie in langen Spiralen eine weite Strecke dahinschwimmt. Am Ufer überrascht, gleitet sie sofort ins Wasser und fährt, Luftblasen aufwerfend, in die Tiefe, aus der sie oft erst nach längerer Zeit wieder auftaucht, wenn sie nicht überhaupt unter Wasser weiter schwimmt und an ganz anderer Stelle wieder emporkommt. Eine wie gute und ausdauernde Schwimmerin sie ist, geht daraus hervor, daß man sie wiederholt breite Flüsse und Seen übersetzen gesehen und auch weitab vom Lande im Meere getroffen hat. Nach Mitteilungen von Böse wurde eine Ringelnatter in der Flensburger Föhrde, etwa 1000 Meter vom Lande entfernt, im Meere gefangen und soll die Ringelnatter über die Föhrde hinaus bei Nordwind bis Warwick gelangen, also im Meere einen Weg von etwa drei bis vier Kilometer zurücklegen. Auch auf dem Lande sind die Bewegungen der Ringelnatter ziemlich rasche, und wenn sie auch das Gesträuch ihrer Wasserumgebung nur des besseren Sichsonnens wegen erklettert, so zeigt sie sich auch auf Bäumen sehr klettergewandt, wie man ja an Gefangenen, denen man in großen Terrarien große Baumäste bietet, beobachten kann.

Viel lebhafter, hastiger in ihrem ganzen Wesen und auch weit scheuer zeigt sich die Würfelnatter (Tropidonotus tessellatus Laur.), die sich weit mehr noch dem Wasserleben angepaßt hat, die stehenden und fließenden Gewässer und deren nächste Umgebung nicht verläßt, noch besser schwimmt und taucht, als die Ringelnatter und, wo sich ihr die Gelegenheit bietet, fast ausschließlich von Fischen lebt. Bei ihrer enormen Gewandtheit und Raschheit, mit der sie sich, überdies in ihrem schmutzigfarbenen Braun oder Grau von der Umgebung wenig abstechend, unserem Blicke zu entziehen weiß und durch engste Steinfugen sich durchzuwinden vermag, bekommt man diese Natter, wenn man sie nicht beim Liegen in der Sonne überrascht, nicht leicht zu Gesicht und mag sie noch in mancher Gegend, für die sie bis jetzt als unbekannt gilt, vorkommen.

Abb. 14.  Sumpfschildkröte.

Eine seltsame Erscheinung in der deutschen Fauna, in derselben die einzige Vertreterin ihrer ganzen Ordnung, ist die Sumpf- oder Teichschildkröte (Emys orbicularis L.). Nicht die klaren, tiefen Gewässer und die rasch fließenden Bäche und Flüsse, sondern die schlammigen, seichten Sümpfe, Weiher, Tümpel, Sumpfufer langsam fließender Flüsse der Niederungen sind ihr Aufenthalt. Zu Gesicht bekommt man diese Schildkröte während des Tages nur an

sehr ruhigen Standorten, wo sie sich ungestört und sicher
weiß. Man sieht sie dann an schönen Tagen am Ufer sich
sonnen oder im Wasser gewandt herumschwimmen. Am
besten kann man ihr Treiben in mondhellen Nächten beobachten, wie sie auf Schnecken, Würmer, Wasserinsekten,
Kaulquappen, erwachsene Frösche, am liebsten aber auf
Fische Jagd macht. Überrascht, taucht sie sofort, reichlich
Luft ausblasend, unter und wühlt sich in den Schlamm. Auch
auf dem Lande macht sie nicht den Eindruck der Unbe-
holfenheit anderer Schildkröten. Mit Ausnahme von Hol-
land, Belgien, Dänemark, Schweden, Norwegen und Nord-
rußland in ganz Europa vorkommend, auf deutschem Gebiete aber fast schon ganz ausgerottet, ist diese Schildkröten-
art doch allgemein bekannt, denn sie kommt aus dem Süden
in Menge in den Handel. Die talergroßen Schildkrötchen,
wie sie die Händler für die Aquarien zum Verkaufe halten,
sind überwiegend Junge unserer Teichschildkröte. So hin-
fällig diese ganz unrichtig gepflegten Tierchen sind, so ausdauernd und leicht zu erhalten sind erwachsenere Exemplare.

# Lurche und Kriechtiere der Wälder, Wiesen und Felder.

(Der Springfrosch. Die Blindschleiche. Die Äskulapnatter und Schling-
natter. Die Zauneidechse, grüne Eidechse und Mauereidechse. Die sechs
Vipern der europäischen Schlangenfauna. Die Kreuzotter. Die Ursinische
Viper. Die Viper. Die Sandviper. Nattern und Vipern. Kreuzotter und
Schlingnatter. Das verschiedene Gehaben unserer heimischen Vipern. Der
Giftapparat unserer Giftschlangen. Das Schlangengift und die mancherlei
Gegenmittel gegen seine Wirkung; Giftsera. Die Giftsäfte der Kröten
und Molche.)

Je weiter von stehendem und fließendem Gewässer der
Ebene wir uns wegbegeben, desto seltener stoßen wir auf
Lurche und Kriechtiere, und nur, wo der Wald feuchter ist,
von Bächen durchrieselt wird oder da und dort Tümpel und
Weiher im Walde oder freiem Lande sich finden, zeigt sich
auch reicheres, regeres Lurch- und Kriechtierleben.

Von den Braunfröschen ist es der Springfrosch (Rana
agilis Thomas), der sich mit Vorliebe an die feuchten Waldwiesen und Waldränder und die hochbegrasten, bebuschten
Lehnen der niederen Hügel hält. Er fehlt aber auch in größeren Tümpeln und Wassergräben nicht, in deren Nähe er sich
nachts auf Insektenjagd herumtreibt, während er die übrige
Zeit im Wasser verbringt oder am Ufer sich sonnt. Viel
zarter gebaut als seine Verwandten, in seinem ganzen Gehaben nicht so unruhig, wild und ungestüm wie der Wasser-

frosch und der Taufrosch, wie man dies leicht an gefangenen Springfröschen beobachten kann, die sehr rasch
zutraulich werden, kennzeichnet er sich uns im Freien schon
durch seine graziösen, hohen und weiten Sprünge, zu denen
ihn seine schlanken Langbeine befähigen. Sätze in der Höhe
von fast 70 cm und 2 m Weite sind da nichts Seltenes.

Abb. 15. Blindschleiche; unten ganz junges Tier.

Während der Moorfrosch höchstens 7 cm lang wird, wird der
Springfrosch gegen 9 cm lang.

Die häufigste Erscheinung an Kriechtieren im Walde
ist die Blindschleiche (Anquis fragilis L.), die wohlbekannte
Vertreterin der schlangenähnlichen Wirtelschleichen, die sich
mit Vorliebe in feuchtwarmen Wäldern, Gehölzen, Holz-
schlägen, unter Moos, Laub, Wurzelwerk, größeren flachen
Steinen, im Moder der Baumstrünke, in Erdlöchern aufhält,
aber auch auf grasreichen Wiesen, in Gärten, unter Brettern,

ja sogar in Ameisenhaufen zu finden ist. Von Schlangen, mit denen sie der Unkundige immer wieder zusammentut, kann man die Blindschleichen schon an den starren, weiteren Krümmungen, in denen sie sich am Boden hinwinden, unterscheiden; denn in den hübschen, kurzen Wellenlinien, wie sie die Schlangen bei ihren Bewegungen zeigen, vermag sich der mit Kalktafeln gepanzerte Leib der Blindschleichen nicht zu krümmen.

Im Walde begegnen wir oft weitab von allem Gewässer der Ringelnatter wieder. Mehr aber dem Waldgebiete gehören zwei andere unserer Nattern an, die Äskulapnatter (Coluber longissimus Laur.) und die Schlingnatter oder glatte Natter (Coronella austriaca Laur.). Die Äskulapnatter, unstreitig unsere schmuckste heimische Natter, liebt auf deutschem Gebiete trockenen, steinigen, lichten Laubwald oder gemischten Wald, wo sie in hohlen Bäumen, Erdlöchern, altem Gemäuer passende Unterschlupfe sucht. Nahe an zwei Meter lang werdend, ist die Äskulapnatter auch unsere größte heimische Schlange, wie sie auch unter unseren vier Nattern die beste Kletterin ist. Gefangene dieser Art überraschen uns immer wieder durch ihre vollendeten Kletterleistungen, die sie an schmalsten Vorsprüngen in die Höhe zu klettern befähigen. Mehr an den Waldrand, an die Waldblößen, die steinigen, gutbesonnten Abhänge, Mauerwerk, Steinbrüche, überall da, wo die Eidechsenwelt reich vertreten ist, hält sich die Schlingnatter, bedeutend kleiner, kaum 75 cm lang, und weit nicht so lebhaft, gewandt, beweglich und intelligent wie die Äskulapnatter. Auf ihre vielfache Verwechslung mit der Kreuzotter wollen wir bei den Giftschlangen zurückkommen. Nährt sich die Äskulapnatter vorwiegend von Mäusen und nur nebenher von Eidechsen und Vögeln, so macht die Schlingnatter vorzugsweise auf Zaun-, Berg- und Mauereidechsen Jagd und stellt Mäusen, Blindschleichen und anderem Getier nur ausnahmsweise nach.

Die Nattern, deren heimische Vertreterinnen wir nun

sämtlich kennen gelernt haben, sind mit Ausnahme der
Schlingnatter, bei der die Jungen aus den durchsichtigen,
dünnhäutigen Eiern sofort oder spätestens nach einer Stunde
ausschlüpfen, eierlegend.

Von schon früher besprochenen Amphibien und Reptilien treffen wir im Waldbereiche, in Waldsümpfen und
Tümpeln Wasserfrösche, Laubfrösche, Unken, Tritonen, Ringelnattern, den Taufrosch auf gut begrasten Waldwiesen,
da und dort aber auch andere Lurche und Kriechtiere, die
wir noch kennen lernen werden, die Bergeidechse an den
Waldsäumen, die Erdkröte, die Landmolche in dunkeln Winkeln, im Mulm alter Baumstrünke.

Abb. 16. Kopf-
beschildung der
Zauneidechse.
Nach Dr. Schrei-
ber.

Verlassen wir das Waldgebiet und wenden
uns dem trockenen, bebauten Ackerlande und
vor allem der gräserreichen Wiese zu, so
sind es überall, wo eine reichliche Flora auch
der Insektenwelt günstige Existenzbedingungen bietet, die Eidechsen, diese flinksten,
muntersten Vertreter der Kriechtierwelt,
welchen wir immer wieder im Freien begegnen.

Auf Äckern und Wiesen, an bebuschten Abhängen,
Böschungen, Grabenrändern, längs der Bahndämme, Hecken,
Zäune treibt sich die graue oder Zauneidechse (Lacerta
stirpium Wolf) herum, die mit Vorliebe verlassene Mauslöcher
als Wohnung benützt oder in der Nähe von Steinhaufen an
den Ackergrenzen sich ansiedelt. Fesselt uns schon das
schmucke Farbenkleid, das die Männchen in allen Nuancen
vom hellen Gelbgrün bis zum tiefsatten Laubgrün, reichlich
gefleckt und gepunktet, die Weibchen in bescheideneren
grauen oder braunen Farben mit weniger greller Fleckenzeichnung zeigt, so finden wir noch mehr Gefallen an dem
lustigen Treiben dieser Tierchen. Da fällt ein Männchen un-
barmherzig über einen zu Boden gefallenen Rosenkäfer her,
zerzaust unter derbem Schütteln sein metallisch funkelndes

Oberkleid und geht nun daran, den flügellosen Körper zu verschmausen; ein paar Biß- und Schluckbewegungen, und die Mahlzeit ist gewesen. Mit Behagen leckt es sich die Schnauze und erspäht auch schon neue Gelegenheit zu neuem Fange. Dort liebäugelt eine andere Eidechse mit einer nackten Raupe, die unerreichbar über ihr auf einem Blatte ziellos umherirrt. Wieder ein paar Schritte weiter stehen sich zwei männliche Kämpen gegenüber, packen einander in hartem Streite bei dem gebrechlichen Schwanze und wollen nicht wanken und weichen; da kommt ein Würger auf sie zugeflogen und im Nu weicht der Kampfesmut dem Drang nach rascher Flucht. Nicht weit davon müht sich wieder eine andere Eidechse ab, einen Regenwurm zu bewältigen, den sie an dem einen Ende mit den Kiefern erfaßt hat, während das andere Ende in den Boden zu entschwinden sucht.

Schreiten wir vom eigentlichen Wiesengebiete zum Ackerrande hin, wo der Landmann die eifrig aufgelesenen Steine vom aufgelockerten Feldboden weg in kleinen und großen Haufen, die im Laufe der Jahre größer und größer geworden sind, zusammengetragen hat und wo sich außer den geschützten und kühlen Verstecken gegen Gefahr und Sonnenglut auch reichlich Gesträuch vorfindet, oder suchen wir ähnliche solche Plätze an Wiesenrainen, in der Nähe von Weingelände auf, so haben wir da die Lieblingsaufenthalte unserer größten und schönsten heimischen Eidechse, der grünen oder Smaragdeidechse (Lacerta viridis Laur.) vor uns, die, wenn sie in ihrem vollen Farbenschmucke prangt, mit den farbenschmucken Eidechsen des Südens wetteifern kann. Es ist ein prächtiger Anblick, diese kräftigen, gedrungen gebauten Eidechsen in ihrem ungezwungenen Treiben in freier Natur belauschen zu können, ob sie nun in rascher Hast hinter aufschnarrenden Heuschrecken her sind oder liebeswerbende Männchen die zaghaften Weibchen verfolgen oder zwei männliche Recken einen heftigen Zweikampf ausfechten oder sie alle in schäkerndem Spiele toll und lustig von einer Stelle

zur anderen jagen. Macht man auf grüne Eidechsen Jagd,
so wissen sie sehr flink und geschickt zwischen die Schlupfe
der Steinhaufen oder ins Gestrüpp zu entkommen; hat man
die Stelle, wo sie in den Steinhaufen verschwunden, rechtzeitig erblickt und räumt dann rasch die obersten Steine weg,
dann findet man sie meist zusammengekauert liegen . und
lassen sie sich, ohne einen weiteren Fluchtversuch zu machen,
ruhig fangen. Wird einer grünen Eidechse auf der Flucht

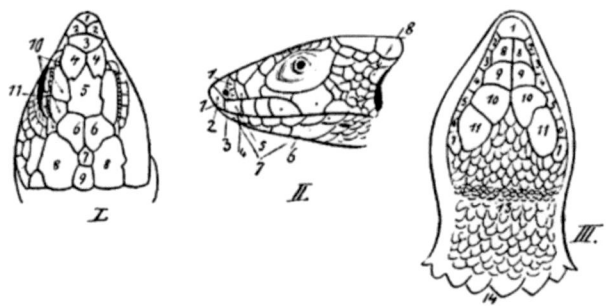

Abb. 17. Kopfbeschildung der grünen Eidechse. I. Von oben: 1 Rüsselschild, 2 Nasenschilde, 3 Zwischennasenschild, 4 Vorstirnschilde, 5 Stirnschild, 6 Stirnscheitelschilde, 7 Zwischenscheitelschild, 8 Scheitelschilde,
9 Occipitalschild, 10 Oberaugenschilde, den sogenannten Discus palpebralis
bildend, 11 Oberwimperschilde, von den Oberaugenschilden durch Körner-
schuppen getrennt (ebenso auf der rechten Seite). II. Von der Seite: 1 Hinter-
nasenschilde, 2 Rüsselschild, 3 Nasenschild, 4 Zügelschild, 5 vordere Oberlippenschilde, 6 Unteraugenschild, 7 Unterlippenschilde, 8 Ohrschilde.
III. Von unten: 1 Kinnschild, 2—7 Unterlippenschilde, 8—11 Unterkiefer-
schilde, 13 Kehlfalte, 14 Halsbandschildchen.

der Rückzug in ihre Steinverstecke abgeschnitten, so erklettert
sie auch wohl, und zwar recht gewandt, einen in der Nähe
stehenden Baum.

Noch weit flinker und lebendiger ist die Mauereidechse
(Lacerta muralis Laur.), weitaus die veränderlichste in Färbung und Zeichnung unter allen einheimischen und fremden
Eidechsen. Wir finden sie schon in nächster Nähe der Ort-
schaften, auf den Überresten zerfallener Stadtmauern und
Burgruinen, längs der Mauern der Festungen, großen Gärten,
der Steineinfassungen der Weinberge, überall da, wo sie auf

besonntem, trockenem Boden in Ritzen und Spalten der Mauern oder in zerklüftetem Felsgestein erwünschte Verstecke und reichliche Insektennahrung vorfindet. In der Behendigkeit und Geschicklichkeit, mit der sie fast senkrechte Mauerwände emporläuft, glatte Flächen erklimmt, im Nu in einen Winkel verschwindet, aus einem anderen wieder hervorkommt, wird sie von keiner unserer heimischen Eidechsen übertroffen und keine ist in ihrem ganzen Gebaren so zierlich und anmutig wie sie. Man wird nicht müde, ihrem lieben, munteren Treiben beobachtend zu folgen. Von unseren heimischen Eidechsen ist die grüne Eidechse, die an einen halben Meter lang werden kann, weitaus die größte; die Zauneidechse wird bis 20 cm, die Bergeidechse an 13 cm, die Mauereidechse in größten Exemplaren an 20 cm lang.

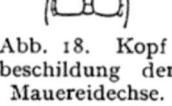

Abb. 18. Kopf beschildung der Mauereidechse. Nach Schreiber.

Hier ist der Platz, ausführlicher auch der unheimlichsten Vertreterinnen unserer Reptilienwelt, der Vipern, zu gedenken, auf deren Schuldkonto es zu setzen ist, wenn so viele harmlose Schlangen unter allgemeiner Verfolgung zu leiden haben. Es läßt sich nicht leugnen, daß jene Tierwelt, die mit dem Menschen seit grauer Vorzeit in offenem oder vers#tecktem Kampfe liegt, den Gegenden, die sie sich zur Heimat erkoren, einen ganz eigentümlichen Reiz verleiht, und es überkommt den Natur- und Tierfreund, wenn auch nur vorübergehend, oft ein Gefühl des Neides und Bedauerns, wenn er von der Überfülle der Tropengegenden an solchem Getier hört und er von den grimmigen Kämpfen liest, die sich da, man lese nur in einem neuesten Jagdwerke, in C. G. Schillings: „Mit Blitzlicht und Büchse", noch immer zwischen Menschen und Tieren abspielen, von den harten Kämpfen mit Leu, Tiger und anderen kampfgewandten Vertretern des Katzengeschlechtes, von den gefährlichen Strau#ßen mit Elefant, Nashorn und Flußpferd, von der stilleren, aber nicht gefahrloseren Fehde mit dem Giftschlangenheere.

In unserem Europa sind solche Kämpfe lange schon aus-
gekämpft; längst entschwunden sind die Zeiten, da unsere
Altvorderen auszogen in den dichten Urwald, gegen den
Höhlenlöwen und Höhlenbären zu kämpfen, den Riesenhirsch,
den Ur zu erlegen; Elch, Bär und Wolf haben sich nur ganz
enge Wohnbezirke noch zu retten gewußt, und immer seltener wird die Kunde von der Erlegung einer Wildkatze, eines
Luchses im europäischen Walde. So gibt es für den europäischen Nimrod keine heißen Kämpfe mehr in der Wald-
heimat zu bestehen, und genügt es ihm nicht, hoch im Gebirge die Gemse, den Steinbock zu jagen, dann muß er weit
nach dem Norden, den Eisbären, das Walroß, den Moschus-
ochsen aufzusuchen, oder er zieht in die heißen Lande und
hilft dort dem Inwohner eine Tierwelt bekriegen, die seine
Heimat lange nicht mehr kennt.

Sind aber auch die rohkräftigen Streiter der großen
Tierwelt aus der europäischen Fauna geschwunden, so sind
doch tückische Wegelagerer geblieben, die, offenen Kampf
scheuend, ihren Opfern im Hinterhalte nachstellen. Zu diesen
gehören die sechs europäischen Vipern: die Ursinische Viper
(Vipera ursinii Bonap.), Renards Viper (Vipera renardi Christ.),
die Kreuzotter (Vipera berus L.), die Viper (Vipera aspis L.),
Latastes Viper (Vipera latastei Bosca) und die Sandviper (Vipera ammodytes L.), von welchen für unser Gebiet hier nur
die Kreuzotter, die Ursinische Viper, die Viper und die Sandviper in Betracht kommen. Wohl bleibt da unsere Fauna weit
hinter dem Giftschlangenreichtum tropischer Gegenden und
der Gefahr dieser exotischen Giftschlangen für die dortigen
Bewohner zurück. Denn was will das überdies nur ganz
stellenweise Vorkommen unserer vier Giftschlangenarten und
die geringe Zahl der jährlich konstatierten Unglücksfälle besagen gegenüber einer wahren Landplage, der im englischen
Indien allein, wenn man den amtlichen Berichten glauben
darf, Tausende von Menschenleben jährlich zum Opfer fallen.

Die bekannteste unter den vier Vipernarten unserer Fauna

ist gewiß die Kreuzotter (Vipera berus L.), die ja auch über Europa am weitesten verbreitet ist, da sie mit Ausnahme des hohen Nordens, Irlands, einiger Teile Deutschlands und der Schweiz, des mittleren und südlichen Italien, der zugehörigen Inseln, des mittleren und südlichen Balkan und der ägäischen Inseln in ganz Europa auftritt und überhaupt unter den Landschlangen geographisch am weitesten verbreitet ist. In erschreckend großer Zahl findet sie sich in einigen Heideländern Norddeutschlands und in den gegen Asien sich hinziehenden südeuropäischen Steppen. Wer ganz bestimmt sagen wollte, welcher Art ihr Aufenthalt, käme in große Verlegenheit. Mir wenigstens ist sie bis heute an den verschiedensten Örtlichkeiten vorgekommen. Ich traf sie auf steinigem Gehänge, das mit verkrüppeltem Nadelholz bedeckt war; sie stieß mir auf, wenn ich über die flache Heide dahinwanderte und den einen oder anderen Stein umlegte oder ein Erdloch durchstöberte; ich fand sie auf sumpfigem Moorboden behaglich in die Sonnenstrahlen hingestreckt und ebenso wieder im Flachwalde, wo kleines Buschwerk verschiedener Beerengesträuche den Boden einer Waldlichtung bedeckte; sie kam mir aber auch hoch oben im Gebirge, über die Waldgrenze weit hinaus, vor, und ich fing manche Kreuzotter ferne von all den erwähnten Örtlichkeiten mitten auf einer Wiese oder in den Weinbergen drin. So vermöchte ich nur den dunklen, feuchten Wald, den kaum ein Sonnenstrahl durchdringt, und die Sumpfwiese, die nirgends ein trockenes Plätzchen bietet, von vornherein als für unsere Kreuzotter nicht willkommene Wohnorte zu bezeichnen. Wo sie aber im allgemeinen die Vorbedingungen ihrer Existenz, Wärme, Nahrung, vorfindet, da ist sie in der Wahl ihrer Behausung nicht anspruchsvoll, bezieht hier ein Mäuseloch, dessen Bewohner ihr zuerst zum Opfer gefallen sind, verkriecht sich dort in den weiten Räumen eines Kaninchen- oder Dachsbaues oder birgt sich unter dem verworrenen Wurzelwerk eines Baumes oder nimmt in Ermangelung alles dessen mit

den Schlupfwinkeln fürlieb, wie sie zerklüftetes Gestein dar-
bietet. Vor diesen verschiedenen Wohnräumen verbringt sie
nun, den Sonnenstrahlen ausgesetzt, manche Stunde des
Tages, und auch wenn sie nachts auf die Mäusejagd ausgeht,
bleibt sie im nahen Umkreise ihres Heims.

Entwerfen wir ein flüchtiges Bild unserer Kreuzotter!
Der erste Blick, den wir auf sie werfen, verrät sie uns als
Giftschlange, denn außerordentlich deutlich, selbst bei ober-
flächlicher Betrachtung nicht zu übersehen, setzt sich der
hinten stark verbreitete Kopf vom Halse ab. Dem guten
Beobachter drängt sich aber sofort noch eine andere Wahrnehmung auf, die ganz geringe Größe des Schwanzes, der
bei den Männchen $1/7$—$1/8$, bei den Weibchen $1/9$—$1/11$ der
Gesamtlänge erreicht und in seinen ganz eigentümlichen
Krümmungen an die Bewegungen eines Fingers gemahnt.
Übersieht der Beobachter überdies die schwerfälligen Bewegungen nicht, die so wenig mit den geschmeidigen Wen-
dungen der Nattern gemein haben, so ist es gar nicht möglich, daß jemand über die wahre Natur einer Kreuzotter
lange im Zweifel bleiben kann. Keinesfalls haben für jeman-
den, dem sich nicht sofort beim Anblicke einer Kreuzotter
die eben erörterten Wahrnehmungen aufdrängen, die von verschiedenen Lehrbüchern als wichtigste Kennzeichen hinge-
stellten Ausführungen über Färbung und Zeichnung einen
besonderen Wert; denn ganz abgesehen davon, daß diese
Beschreibungen für die Kreuzotter in vielen Fällen gar nicht
zutreffen, ist die Färbung und Zeichnung der Kreuzotter, wie
wir noch an anderer Stelle besprechen werden, eine je nach
Geschlecht, Alter, Standort vielfach wechselnde und gibt sich
auch bei dem vor der Häutung stehenden und dem frisch
gehäuteten Tiere ganz anders. Die vielerwähnte Zickzackzeichnung des Rückens tritt nur bei helleren Männchen, besonders in der ersten Zeit nach erfolgter Häutung, deutlich
zutage, erscheint aber bei Weibchen und in der Häutung
begriffenen Männchen oft ganz verschwommen.

Im Äußeren kommt die Ursinische Viper (Vipera ursinii Bonap.) der Kreuzotter am nächsten. Es ist noch nicht
lange her, daß diese Viper besser bekannt ist und manche
Zoologen scheinen sie noch jetzt nicht zu kennen. Aufgefunden wurde sie schon vor 70 Jahren von Bonaparte in
Italien. Dann geriet sie wieder in Vergessenheit und verschwand unter den Synonymen der Kreuzotter, bis sie im
Jahre 1893 Boulenger wieder als vollberechtigte Art aufstellte.
Um die weitere Erforschung ihrer Verbreitung haben sich
besonders Méhely und Fr. Werner verdient gemacht. Von
der Kreuzotter ist die Ursinische Viper durch die geringere
Größe, den kleineren Kopf, das kleinere Auge (im senkrechten Durchmesser nie größer als seine Entfernung vom
Mundrande), das Vorhandensein von meist nur einem Apicalschildchen über dem Rüsselschild, das mehr wellenförmige,
dunkelgerändete Rückenband unterschieden. Die Unterseite
des Schwanzes ist nie gelb wie bei der Kreuzotter. Männchen
und Weibchen sind nicht verschieden gefärbt und gezeichnet.
Auch in ihrer Lebensweise und ihrem Gehaben ist die Ursinische Viper von der Kreuzotter verschieden, indem sie ein
Tagleben führt, in ihren Bewegungen viel lebhafter und be-
hender ist, mit Vorliebe an die gutbegrasten Wiesen sich hält
und auf Eidechsen Jagd macht. Soweit deutsches Gebiet in
Betracht kommt, ist sie in Niederösterreich, von wo ich sie
aus der nahen Umgebung Wiens, bei Laxenburg, Guntrams-
dorf, Mitterndorf kenne, ziemlich zahlreich vertreten. Auf-
sehen hat ihr massenhaftes Vorkommen in der Umgebung
des kaiserlichen Lustschlosses Laxenburg bei Wien gemacht,
wo nach Werner im Laufe weniger Sommermonate an
500 Exemplare an die Schloßhauptmannschaft eingeliefert
wurden.

Die Viper, Schildviper, Aspisviper, Redische Viper, Italienische Viper oder Juraviper (Vipera aspis L.),
erreicht dieselbe Größe, wie die Kreuzotter, ist aber etwas
kräftiger gebaut und von den beiden besprochenen Vipern

durch die aufgeworfene scharfkantige Schnauzenspitze leicht
zu unterscheiden. Bisweilen gruppieren sich die vier Reihen
dunkler Flecken, welche sich ·über die aschgraue, grünlich
angeflogene Oberseite hinziehen, zu einem zickzackartigen
Längsstreifen; solche Spielarten sehen dann der Kreuzotter
sehr ähnlich. Der Viper kommt kein so großes Verbreitungs-
gebiet zu wie der Kreuzotter, sie gehört dem Mittelmeer-
gebiete an und tritt besonders im südwestlichen Europa auf.
Für unser Gebiet kommt sie nur aus Lothringen und dem
Schwarzwalde und aus Südtirol, wo sie schon bei Bozen auftritt, in Betracht. In der Lebensweise mit der Kreuzotter sehr
übereinstimmend, liebt sie gleichfalls trockene, besonnte Orte;
ich habe sie fast immer an Zäunen, Steinhaufen, Mauern gefunden, nie aber im Walde, den sie jedenfalls nur ausnahmsweise bezieht.

Die interessanteste unserer vier Vipern ist wohl die
Sandviper oder Sandotter (Vipera ammodytes L.), die
größte und gedrungenste unter ihnen, von den anderen auf
den ersten Blick an dem beschuppten hornartigen Zapfen an
der Schnauzenspitze leicht zu erkennen. Obschon die Sandviper in der Färbung nicht weniger Abwechslung zeigt wie
die Kreuzotter, fehlt doch nie eine zickzackförmige oder aus
aneinander sich reihenden Rhombenflecken gebildete, bald
in die Länge gezogene, bald mehr verbreiterte dunkle Rückenlinie. Diese giftigste unserer vier Vipern wählt mit Vorliebe
hügliges oder gebirgiges Land, geht über 1000 Meter ins
Gebirge hinauf und findet sich in den Weinbergen, im Gestrüpp und Buschwerk der Felsen, in den Gärten; das zer-
klüftete Kalkgebirge des Karstes sagt ihr am besten zu. In
unserem Gebiete tritt sie schon in der Südsteiermark stellenweise sehr häufig auf; in Kärnthen ist sie viel häufiger als
die Kreuzotter; in Südtirol ist sie in der Umgebung von Bozen
zahlreich zu finden.

Nachdem wir jetzt alle die heimischen Nattern und
Vipern kennen gelernt haben, mag der Leser wohl mit Recht

Unsere heimischen Vipern. Oben links Sandviper, rechts Viper,
unten links Ursinische Viper, rechts Kreuzotter.

eine zusammenfassende Belehrung über die Unterscheidung der Nattern von Vipern und wieder über die Aus-
einanderhaltung der europäischen Vipern erwarten.
Bei der systematischen Unterscheidung der Schlangen dient
ein dem Nichtfachmann vielleicht ganz nebensächlich er-
scheinendes Merkmal, die Beschildung, als wertvolles Hilfs-
mittel. Die Natur ist gerade in kleinen Details sehr kon-
sequent. Sehen wir eine Schlange genau an, so finden wir
den ganzen Leib mit größeren und kleineren Schilden und
Schuppen bedeckt. Große Schilde, oft wie aus Metall heraus-
gearbeitet erscheinend, stehen auf dem Kopfe, andere Schilde
auf dem Bauche und der Schwanzunterseite, kleine Schuppen
auf dem übrigen Körper. Die Größe nun und Form dieser
Schilde ist durchaus nicht nebensächlich, sondern für die
einzelnen Arten charakteristisch. Nicht einmal die Zahl der
Schuppenreihen, in welchen die Leibesschuppen angeordnet
sind, ist nebensächlich. Wir sehen am Oberkopfe (z. B. einer
Ringelnatter) den die Vorderschnauze bedeckenden Rüsselschild (Rostrale), an den oberen Rand dieses Schildes an-
stoßend, zwischen den die Nasenlöcher zeigenden Schilden
liegend, zwei Zwischennasenschilde (Internasalia), hinter ihnen
die zwei Vorstirnschilde (Präfrontalia), nach diesen drei nebeneinander liegende Schilde: den Stirnschild (Frontale) in der
Mitte, links und rechts ein Augenbrauenschild (Supraoculare),
dahinter zwei Scheitelschilde (Parietalia). An jeder Kopfseite
sehen wir: einen vom Nasenloch durchbohrten Nasenschild
(Nasale), dahinter einen kleinen Zügelschild (Frenale), hinter
diesem, die Vordergrenze des Auges bildend, ein (oder zwei,
selten drei) Voraugenschild (Präoculare), darunter den kleinen Unteraugenschild (Suboculare), hinter dem Auge zwei
bis fünf kleine Hinteraugenschilde (Postocularia); auf diese
folgen vier Schläfenschilde (Temporalia), weiter, den oberen
Lippenrand bildend, sieben bis neun Oberlippenschilde (Su-
pralabialia), den Unterkieferrand bildend die Unterlippenschilde (Sublabialia), zwischen letzteren der Kinnschild (Men-

tale), hinter diesem die langgestreckten Rinnenschilde (Inframaxillaria), auf welche vor den dann beginnenden breiten Bauchschilden (Ventralia) kleine Schildchen, die Kehlschilde (Gularia) oder die Kehlschuppen folgen. Schon die ganz flüchtige Betrachtung eines Vipernkopfes zeigt nun, daß ihm diese großen Schilde des Natternkopfes fehlen. Wer einmal die hübsch sich abhebenden großen Schilde auf dem Kopfe einer Natter und die ganz unansehnliche Kopfbeschildung einer Viper gesehen hat, dem entgeht dieser auffallende Unterschied auch bei ganz flüchtigem Hinsehen nicht mehr.

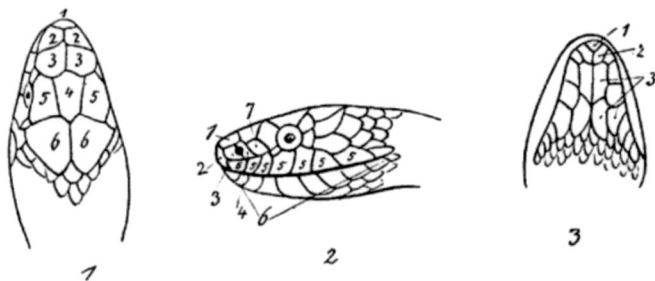

Abb. 19. Kopfbeschildung einer Natter (Coluber quatuorlineatus). 1. Von oben: 1 Rüsselschild, 2 Zwischennasenschilde, 3 Vorstirnschilde, 4 Stirnschild, 5 Oberaugenschilde, 6 Scheitelschilde. 2. Von der Seite: 1 Zwischennasenschild, 2 Rüsselschild, 3 Nasenschild, 4 Zügelschild, 5 Oberlippenschilde, 6 Unterlippenschilde, 7 Vorstirnschild. 3. Von unten: 1 Kinnschild, 2 Unterlippenschilde, 3 Rinnenschilde.

Sieht man genauer zu, dann findet man bei den Vipern zwischen dem Rüsselschild und dem Nasenschild ein (oder zwei) Vornasenschild (Praenasale), das bei den Nattern fehlt. Weiter bleibt bei keiner unserer Nattern das Auge von den Oberlippenschilden ganz unberührt, wenigstens eines derselben berührt das Auge, während bei den Vipern das Auge von einer oder zwei Reihen kleiner Schildchen umgeben ist und so dieser Schilderkranz das Auge von den Oberlippenschilden vollständig trennt. Zwischen diesem Augenkranz und dem Nasenschild und dahinter stehen bei unseren Vipern keine größeren Schilde. Ein anderes charakteristisches Kennzeichen unserer Vipern ist die senkrechte Pupille, die bei den vier heimischen Nattern immer rund ist. Die Längenzahlen unserer Vipern bewegen sich bei den ausgewachsenen Tieren zwischen etwa 43 und 70 cm; 80 cm und darüber lange Exemplare gehören schon zu großen Seltenheiten. Wer also eine Schlange trifft, die ersichtlich über einen Meter lang ist, kann sicher sein, keine unserer heimischen Vipern vor sich zu haben. Keine unserer Vipern ist auf der Unterseite grell hellfarbig oder auffällig gezeichnet; eine Schlange also, die unten einfarbig schwefelgelb wie unsere Äskulapnatter oder reinweiß und tiefschwarz gewürfelt wie die Ringelnatter ist, ist gewiß keine Viper. Auch eine Schlange mit vollkommen glatten Schuppen, wie bei der Schlingnatter, ist ersichtlich keine Viper, die immer stark gekielte Schuppen besitzt. Auffallend kurz ist der Schwanz der Vipern, dessen Länge höchstens ein Sechstel der Gesamtlänge, bei der Ringel-, Würfel- und Äskulapnatter ein Fünftel beträgt. Aber schon an dem plumperen Baue, dem herzförmigen oder dreieckigen, vom Rumpfe deutlich abgesetzten Kopfe, den trägeren Bewegungen wird man eine Schlange als Viper von den schlankeren, lebhafteren Nattern leicht unterscheiden. Das sicherste Kennzeichen der Vipern, freilich erst im geöffneten Rachen sichtbar, ist der in einer häutigen Scheide steckende, aufrichtbare, hohle, mit dem Ausführungsgang einer Giftdrüse in Verbindung stehende Giftzahn im Oberkiefer, hinter dem noch Ersatzzähne stehen.

Was nun die Unterscheidung der sechs europäischen Vipernarten betrifft, so lassen sie sich zunächst in zwei Gruppen scheiden. Bei den drei Arten: Viper, Latastes Viper und Sandviper ist die Schnauze am Ende mehr oder weniger aufgeworfen, sind die Scheitelschilde und der Stirnschild nicht ausgebildet und befinden sich zwischen den oberen Lippenschilden und dem Auge zwei oder drei Reihen von Schuppen. Bei den drei Arten: Ursinische Viper, Renards Viper und Kreuzotter ist das Schnauzende nicht auf-

geworfen, sind die Scheitelschilde und der Stirnschild gut
entwickelt und steht zwischen den oberen Lippenschilden nur
eine Reihe von Schuppen. Die drei Arten der einen Gruppe
unterscheiden sich voneinander folgendermaßen: Bei der
Sandviper ist das stark aufgeworfene Schnauzenende in einen
Hautlappen verlängert und mit 10—20 Apicalschildchen bedeckt, bei Latastes Viper, die zwischen der Sandviper und
Viper steht, ist die Erhöhung der wenig ˙aufgeworfenen
Schnauze mit 5—6 (selten 3) Apicalschildchen, bei der Viper
das wenig aufgeworfene Schnauzenende mit 2—3 Apical-

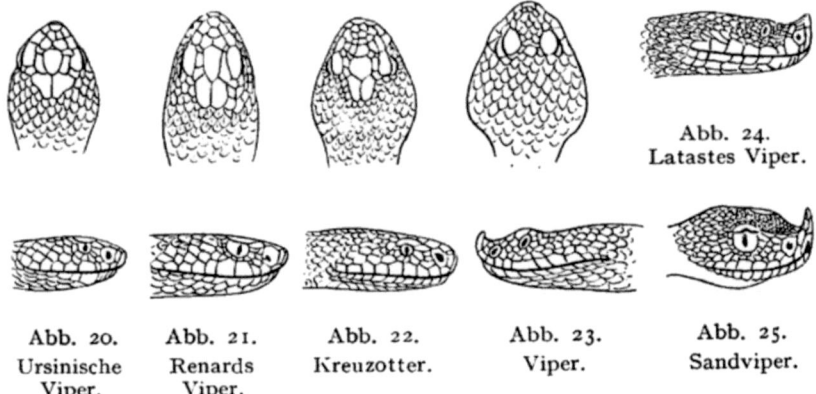

Abb. 24.
Latastes Viper.

Abb. 20.
Ursinische
Viper.

Abb. 21.
Renards
Viper.

Abb. 22.
Kreuzotter.

Abb. 23.
Viper.

Abb. 25.
Sandviper.

schildchen bedeckt. Der Rüsselschild ist bei der Sandviper
nicht tiefer als breit, bei der Latasteschen Viper 1½—2 mal
so tief als breit, bei der Viper 1½ mal so tief als breit. Die
Leibesschuppen stehen bei allen drei Arten in 21 Längsreihen.
Die Zahl der Bauchschilde beträgt bei der Sandotter 133 bis
164, bei Latastes Viper 125—147, bei der Viper 139—158,
die Zahl der Schwanzschilde bei der Sandotter 24—46, bei
Latastes Viper 32—43, bei der Viper 33—46. Bei den drei
Arten der anderen Gruppe kennzeichnet sich die Kreuzotter
durch die abgestutzte, oben flache Schnauze mit leicht er-
hobener Kante, während die Schnauze bei der Renardschen
Viper zugespitzt ist und eine erhobene Kante zeigt und bei

der Ursinischen Viper die oben flache oder mit leicht er-
hobener Kante versehene Schnauze stumpf zugespitzt ist. Bei
der Kreuzotter steht der Rüsselschild mit zwei (selten mit
einem) Apicalschildchen, bei Renards Viper und der Ursinischen Viper meist mit einem Apicalschildchen in Verbindung.
Die Leibesschuppen sind bei der Kreuzotter in 21 (selten 19
oder 23), bei der Renardschen Viper in 21 (selten 19), bei der
Ursinischen Viper in 19 (selten 21) Längsreihen angeordnet.
Bauchschilde sind bei der Kreuzotter 132—158, bei der Renardschen Viper 130—150, bei der Ursinischen Viper 120
bis 142, Schwanzschilde bei der Kreuzotter 25—41, bei der
Renardschen Viper 24—37, bei der Ursinischen Viper 20—37
vorhanden.

Aus dem Gesagten ergibt sich von selbst, daß die immer
wieder mit der Kreuzotter verwechselte Schlingnatter bei
einiger Aufmerksamkeit leicht von einer Viper zu unterscheiden ist. Wenn auch der ähnliche Aufenthalt, der vom Rumpfe
deutlich abgesetzte, dreieckige Kopf, der kurze Schwanz, die
Art, zum Beißen auszuholen, zu einer solchen Verwechslung
verleiten, so läßt doch die Beschildung des Kopfes mit den
großen Schilden auf der Oberseite, die Abwesenheit des
charakteristischen Augenkranzes, der bei allen Vipern die
Oberlippenschilde vom Auge trennt, und die glatte Be-
schuppung die Schlange sofort als harmlose Natter erkennen.

Begreifen schon viele nicht, wie man sich überhaupt auch
mit ganz harmlosen Nattern abgeben könne, und gibt es
selbst unter Naturhistorikern Leute, die sich mit der Kriechtierwelt durchaus nicht befreunden können, so liegt wohl nahe,
daß die Beschäftigung mit den giftigen Vertretern dieser so
übel beleumundeten Tierordnung um so seltener zu finden
sein wird. Ich leugne selbst nicht, daß diese Beschäftigung
ihre Gefährlichkeit hat. Man ist rasch geneigt, auch diesen
Tieren gegenüber, wenn man sie einmal länger in Gefangenschaft hat, alle Scheu und Furcht abzulegen, und bewegt
sich ihnen gegenüber mit einer Sorglosigkeit, die denn doch

einen Unglücksfall zur Folge haben kann. Jeder Herpetologe
wird da an die eine und andere Stunde recht bedenklicher
Zwischenfälle sich zu erinnern haben. Dies alles um so mehr,
als selbst diese tückischen Gefangenen, in ganz erster Linie
die Ursinische Viper und die Sandviper, sich so in die Gefangenschaft finden, bis zu einem gewissen Grade so zutraulich werden, daß man es nicht über sich bringt, sie auf die
Dauer mit der anfänglichen Ängstlichkeit zu behandeln. Die
Sandotter nimmt schon in den ersten Tagen der Gefangenschaft ihr gebotene Nahrung an, was von Giftschlangen
gewiß viel sagen will. Am scheuesten bleibt die Kreuzotter,
die nur schwer zur Futterannahme zu bringen ist; doch habe
ich alle Kreuzottern, denen ich sehr große Terrarien mit
reichlichem Gestein zum Aufenthalte bot und denen reichlich
Gelegenheit geboten war, sich zu sonnen, doch dazu gebracht,
Nahrung anzunehmen, und sie dann jahrelang gefangen erhalten. Die trägeren Vipern und auch die Sandvipern schienen sich in kleineren Räumen behaglicher zu fühlen. Eine
Viper z. B., die ich in eine geräumige Kiste brachte, in der
ich wieder eine kleinere Kiste aufstellte, welche letztere ich
noch mit einem enghalsigen Kugelkolben versah, brachte die
ganze Zeit, in der sie sich nicht sonnte oder Mäusen nach-
jagte, in dem engen Hohlraume des Kolbens zu und schien
sich hier recht behaglich zu fühlen; so oft ich sie herausnahm,
immer suchte sie ihr gläsernes Wohnhaus wieder auf. Der
Sonnenwärme gegenüber verhalten sich unsere vier Vipern
ganz verschieden. Ich pflege die Giftschlangen zeitweise aus
den Käfigen zu nehmen und zwischen den Fenstern, deren
eine Wand der Lüftung wegen mit Drahtgaze versehen ist,
sich sonnen zu lassen. Schon nach einer Viertelstunde bei
starkem Sonnenschein bekamen es die Ursinischen Vipern
satt, sich der Sonnenhitze auszusetzen, und suchten eine schat-
tigere Stelle auf; länger hielten die Vipern der Sonnenhitze
stand, aber auch sie entzogen sich nach einer weiteren Viertelstunde den Sonnenstrahlen; aber lange noch breiteten sich

die Kreuzottern in die Sonnenglut. Schon bei diesem wiederholten Herausnehmen aus den Käfigen zeigt sich die un-
gleiche Natur dieser vier Vipern. Ohne besondere Gegenwehr
anfangs, ganz ruhig dann später lassen sich die Ursinischen
Vipern und die Sandvipern mit einem Stocke heraushehen
und anderswo unterbringen, schon gereizter zeigen sich die
Vipern, aber ganz außer Fassung geraten jedesmal die Kreuzottern, und nur mit vieler Mühe sind die wütend herum-
fahrenden Tiere zu bewältigen, und das wird meist auch in
der Folge nicht besser. Ganz ebenso ungleich verhalten sich
die vier Arten einer anderen Störung gegenüber. Öffne ich
den Käfig der Ursinischen Vipern oder der Sandottern, so
verraten sie wohl durch Erheben der Köpfe und Züngeln,
daß sie aufmerksam gemacht seien, bleiben aber, auch wenn
ich ihnen mit einem Stöckchen in die Nähe komme, ganz
ruhig, lassen sich mit demselben streicheln, trinken, wenn
ihnen Wasser längere Zeit entzogen war, begierig aus dem
vorgehaltenen Napfe und kriechen später ruhig an dem vorgehaltenen Stocke empor. Nur wenn man beim Öffnen des
Käfigs zu stürmisch vorgeht oder sie überhaupt absichtlich
reizt, werden sie erregt und fahren zornig nach dem Stocke.
Ungestümer sind die Vipern, rollen sich sofort tellerförmig
ein und erheben den Kopf, zum Ausholen bereit, ziehen sich
aber gleichzeitig, so weit als möglich, zurück; kommt man
ihnen dann absichtlich nahe, so beißen sie entweder zuerst
und fliehen dann sofort, oder rollen sich, ohne zu beißen,
auf und suchen eilig zu entkommen. Die Kreuzottern aber
sind bei der geringsten Störung ganz außer sich, holen fort-
während zum Bisse aus und können sich, solange man in
ihrer Nähe bleibt, nicht beruhigen. Bringe ich in die verschiedenen Käfige Mäuse, so beißen die Sandvipern und
Vipern meist nur in der ersten Aufregung oder, wenn sie
hungrig sind, nach den Mäusen, während die Kreuzottern
meist nicht früher ruhen, ehe alle eingedrungenen Nager getötet sind, in der Regel aber, ohne dann Miene zu machen,

die getöteten Mäuse auch zu verzehren. Vor Jahren brachte ich in einen Käfig zu einem Sandotternpaar sechs Mäuse, vernagelte die Kiste und öffnete sie erst nach zwei Wochen; die Mäuse hatten Brot und Wasser erhalten, um, falls sie nicht getötet würden, nicht umzukommen; beim Öffnen der Kiste fand ich nur mehr eine Maus vor, die sich aus der ganzen Kiste das Moos in der Mitte zusammengetragen, ein Nest hergerichtet und dessen Mulde mit abgenagten feinen Spänen und vorgefundenen Halmen austapeziert hatte; die Maus fühlte sich völlig sicher, kroch zwischen den beiden Schlangen umher und beschnupperte wiederholt deren Kopf, ohne daß die Ottern irgendwelche Erregung gezeigt hätten; erst nach einer weiteren Woche, als die mittlerweile abgegebenen Gewölle die erfolgte Verdauung der zuerst verschlungenen Mäuse verrieten, fiel auch diese Maus zum Opfer. Im Käfige der Kreuzottern wären ihr nicht so viele Minuten, als hier Wochen zu leben vergönnt gewesen. Es wird von verschiedener Seite geleugnet, daß sich Giftschlangen untereinander beißen; demgegenüber kann ich nur versichern, daß fast immer, wenn ich zu länger gefangen gehaltenen Vipern neue Gefangene brachte, die früheren Insassen auf die neuen Ankömmlinge losfuhren und dieselben bissen; wohl nur zufällig waren die Gebissenen immer Weibchen und immer befand sich die Bißstelle oben am Hinterkopfe, woselbst sie noch nach Wochen als kleiner glänzender Makel zutage trat.

Wir kommen nun auf den Giftapparat der Vipern, die Wirkung ihres Bisses und die Gegenmittel gegen solchen Biß zu sprechen. Der verhältnismäßig kurze Oberkiefer der Vipern ist infolge seiner Verbindung mit dem durch eigene Muskeln bewegbaren Flügelbein sehr beweglich. In diesem Oberkiefer befindet sich nun ein 3—10 cm langer, etwas gekrümmter, hohler, in einer häutigen Scheide steckender, mit dem Ausführungsgang einer Giftdrüse in Verbindung stehender Giftzahn. Die Giftdrüse ist unter dem großen

Schläfenmuskel gelegen. Der Giftzahn selbst ist eigentlich nicht beweglich, sondern macht nur die seitlichen Bewegungen des Oberkiefers mit, und auch die Aufrichtung und das Wiederzurücklegen des Giftzahnes ist nur eine Folge der Beweglichkeit des Oberkiefers. Im Begriffe zu beißen, öffnet die Giftschlange den Rachen, dabei drückt der Muskel auf die Giftdrüse, und das Gift fließt in den gleichzeitig aufgestellten Giftzahn. In jedem Kiefer befinden sich mehrere in der Entwicklung begriffene Ersatzzähne, die innerhalb gewisser Zeit, oder wenn der erste Giftzahn verloren gegangen ist, der Reihe nach an die Stelle treten. Die Sandviper, welche auch die längsten Giftzähne unter den heimischen Vipern hat, besitzt bis sechs solcher Ersatzzähne. Es leuchtet ein, daß mit der Länge der Giftzähne auch die Gefährlichkeit des Bisses wächst, weil dann die Verletzung eines Blutgefäßes und die Einführung des Giftes in den Kreislauf um so wahrscheinlicher ist. Die Menge des zur Absonderung kommenden Giftes ist nie eine große; sie wechselt aber je nach Umständen, wird immer geringer, je öfter nacheinander die Schlange zum Bisse genötigt war, ist eine verhältnismäßig reichlichere, wenn die Giftschlange lange außer Tätigkeit gewesen ist. Ebenso wechselnd ist auch die Wirkung des Giftes bei derselben und verschiedenen Arten. Die Größe und das Alter der Schlange, das Klima des Landes, die Tageszeit und Jahreszeit, zu welcher jemand gebissen wurde, jedenfalls auch die Gesundheitsverhältnisse des Gebissenen sprechen hier mit und läßt sich bezüglich ein und derselben Art wohl sagen, daß der Biß älterer Tiere in heißer Jahreszeit zu heißer Tageszeit am gefährlichsten ist. In zahlreichen Beobachtungen bei Fütterung meiner gefangenen Giftschlangen mit Mäusen habe ich unter anderem gesehen, daß eine am 12. Januar zu einer Sandotter gebrachte Maus von jener erst nach einer Viertelstunde und bald darauf noch einmal gebissen wurde, sich nun in einen Winkel zurückzog, einige Male im Kreise drehte, dann zusammenduckte, die Haare sträubte und etwa zwei Stunden in dieser Stellung verbrachte, dann aber sich immer mehr erholte und am nächsten Tage wieder, als wäre ihr nichts geschehen, im Käfige herumspazierte; nur die Augenränder blieben in der Folge krankhaft entzündet. Eine andere Maus, anfangs Mai in den Wohnraum einer eben gehäuteten Sandotter gebracht, wurde von der Otter sofort gebissen, taumelte in wenigen Minuten zu Boden, verendete aber erst nach fünf Stunden. Eine dritte Maus, die an einem heißen Augusttage einer Sandotter vorgeworfen wurde, drehte sich nach dem Bisse winselnd im Kreise, war im Verlaufe von kaum einer Minute tot und wurde auch, während dies sonst meist nachts geschieht, von der hungrigen Schlange sofort verschlungen.

Trotz vieler eingehender Untersuchungen ist die wahre Natur des Schlangengiftes noch nicht völlig klar. Es erscheint als dünne, wasserhelle, gelbliche oder grünliche Flüssigkeit, welche nach Mitchell aus einem eiweißartigen, in absolutem Alkohol gerinnenden Stoffe, einer anderen, gleichfalls in Alkohol, und zwar auch bei Erhitzung gerinnenden Verbindung, einem gelben Farbstoffe und einer undefinierbaren Masse besteht, sich durch ihr Verhalten zu Lakmuspapier als Säure verrät und nach Mangilis früheren und Maisonneuves neuesten Versuchen seine Haltbarkeit sehr lange bewahrt (Giftsubstanz einer Viper, die man dem Giftzahn eines über 20 Jahre in Weingeist gelegenen Exemplares entnommen und einem Sperling eingeimpft hatte, führte 2 Stunden 37 Minuten nach erfolgter Impfung den Tod des Vogels herbei).

Seit alten Zeiten schon wendet man gegen die Wirkungen des Giftschlangenbisses mancherlei Mittel an. Schon in den altindischen medizinischen Sanskritwerken finden sich verschiedene, an manche ähnliche Mittel der Neuzeit erinnernde Rezepte vor. So heißt es da z. B.: Man mische das von der Krishnaschlange (Brillenschlange) entnommene Gift, koche ½ tola, gleich etwa 10 gr., mit 40 Pfund Milch und Käse-

quark, lasse das Gemische zwei Tage stehen, verbuttere dann
das Ganze, koche es mit Muskat und ähnlichen Gewürzen,
forme die ganze Masse in senfkorngroße Pillen und reiche bei
erfolgtem Bisse eine, höchstens zwei solcher Pillen — oder
man fülle den Rachen der Giftschlange mit den erwähnten
Gewürzen, lasse dieselbe tagelang so liegen, bis sich das Ge-
würz mit Gift gesättigt hat, erhitze dann das Ganze am Feuer,
erprobe das Gemische an Tieren, pulverisiere dann und forme
aus dem Pulver Pillen — oder, am einfachsten, man extrahiere
das Gift, menge es mit Milch, koche und verbuttere mit
gewissen Wurzelsäften. Heute noch wendet man in Indien
die Wurzeln und Blätter von Pflanzen der Gattung Aristo-
lochia zur Herstellung von Abgüssen als Gegenmittel gegen
den Biß der dortigen Schlangen an. Die Eingeborenen
Australiens saugen das Gift aus der Wunde, brennen dieselbe
aus oder lassen dieselbe, indem sie sie durch Schnitte ver-
größern, stundenlang bluten und nötigen den Gebissenen, be-
ständig herumzulaufen. Da und dort wendet man auch die
sogenannten Schlangensteine (vorwiegend aus gebrannter
Knochenerde bestehend) an, die als sehr poröse Körper blut-
aufsaugend wirken. Nach verschiedenen Versuchen von Phi-
salix besitzen verschiedene in Pilzen vorhandene Stoffe
impfende Eigenschaft gegen Schlangengift. Er hat auch fest-
gestellt, daß der diese Stoffe enthaltende Pilzsaft die gleiche
Wirksamkeit hat. Gereinigte Champignons wurden in Stücke
geschnitten und 24 Stunden lang in einer gleichen Gewichts-
menge Chloroformwasser mazeriert. Beim Abfiltrieren erhielt man dann eine bräunliche, immer dunkler, endlich
schwarz werdende Flüssigkeit, die angenehm riecht, fad
schmeckt und neutral reagiert. 12 bis 20 Kubikzentimeter
von dieser Flüssigkeit rasch eingespritzt genügen, um den
Tod eines Meerschweinchens herbeizuführen. Spritzt man
aber dieses Mazerationswasser den Versuchstieren nach und
nach ein, so ertragen diese schon nach einigen Tagen eine
Dosis Schlangengift, welche die Tiere sonst schon vier Stun-

den nach dem Biß töten würde. Diese Immunität gegen Schlangengift verstärkt sich, wenn man das Versuchstier innerhalb 15—20 Tagen zwei oder drei weiteren Impfungen unterwirft, so weit, daß man dem Tiere eine noch um ein Fünftel größere Dosis des Viperngiftes reichen kann, ohne daß sich eine schädliche Wirkung einstellt. Und ganz die gleichen Wirkungen haben die Impfungen mit Mazerationswasser, das man von anderen Pilzen, so dem Fliegenschwamm und ganz besonders von der Trüffel, gewonnen hat. Sehr interessant auf diesem Gebiete sind die Versuche, gegen die Wirkungen des Giftschlangenbisses gewisse Serum-Arten anzuwenden. So hat Dr. Calmette, der Direktor des Pasteur-Instituts in Lille, ein Mittel gefunden, welches gegen den Biß aller Giftschlangenarten anwendbar ist. Nach dem Ergebnis der bakteriologischen Untersuchungen besteht zwischen dem von Giftschlangen aus der Giftdrüse ausgeschiedenen Gifte und dem durch gewisse krankheitserregende Bakterien erzeugten Gifte eine große Ähnlichkeit. Es lag daher nahe, wie den schädlichen Bakterien gegenüber auch beim Schlangengifte nach einem Serum zu suchen, welches befähigt wäre, im menschlichen Körper die Wirkung des Schlangengiftes aufzuheben. Calmette wußte sich von Giftschlangen, die er in großer Zahl in eigenen Warmhäusern hielt, größere Mengen Giftes zu verschaffen, indem er mit Hilfe seines Assistenten den am Genicke gepackten Schlangen ein großes Uhrglas zwischen die Kiefer zwängte, ihnen zu gleicher Zeit die Giftdrüsen im Oberkiefer zusammendrückte und das herabträufelnde Gift auf dem Uhrglas auffing. Das so der Schlange extrahierte Gift wird dann im luftleeren Raum getrocknet, dann gewogen und in einer sieben pro Mille haltigen Kochsalzlösung aufgelöst. Aus dieser Lösung werden dann verdünnte weitere Lösungen, deren Gehalt an Schlangengift genau bestimmt ist, hergestellt. Nun wird mit einer zunächst ungefährlichen, sehr verdünnten Lösung ein Pferd geimpft, diese Impfungen werden dann längere Zeit hindurch mit

immer stärkeren Dosen fortgesetzt, bis in solcher allmählichen Steigerung der Dosen das an das Gift gewöhnte Tier

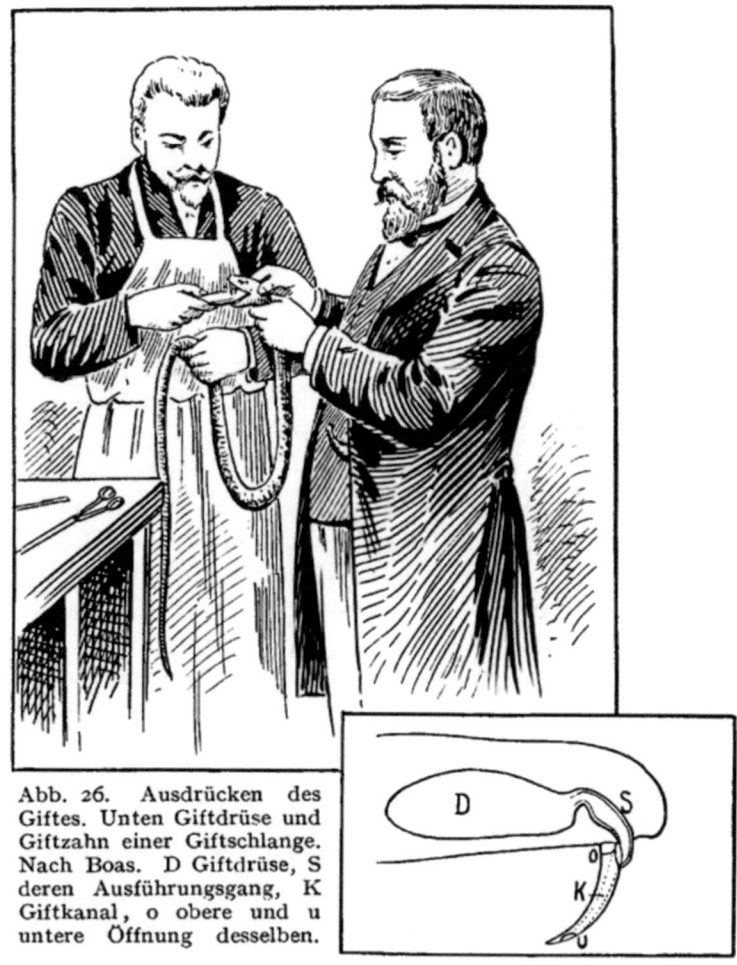

Abb. 26. Ausdrücken des
Giftes. Unten Giftdrüse und
Giftzahn einer Giftschlange.
Nach Boas. D Giftdrüse, S
deren Ausführungsgang, K
Giftkanal, o obere und u
untere Öffnung desselben.

nach 16 Monaten Dosen verträgt, die hinreichen würden,
200 nicht geimpfte Pferde sofort zu töten. Das so im geimpften
Pferde entstandene Gegengift wird dann dem Pferde durch
einen Aderlaß entzogen, worauf dem Pferde wieder frisches

Schlangengift eingespritzt und nach zwei bis drei Wochen wieder Blut abgezapft wird. In den 6—8 Litern bei jedem solchen Aderlasse entzogenen Blutes sind 2—3 Liter wirksames Serum enthalten, welches in bezug auf seine Wirksamkeit vorher an Kaninchen erprobt, in kleine Fläschchen abgezogen, aufbewahrt und besonders nach Australien, Südamerika und Indien versendet wird. Erfolgt die Einspritzung eines von einer Giftschlange Gebissenen mit diesem Serum nicht später als vier Stunden nach dem Biß, so wirkt es mit gutem Erfolg. Calmette hatte, bei einem seiner Versuche von einer Cobra gebissen, selbst Gelegenheit, die Wirkung des Serums an sich zu erproben. Auch der eifrig mit der Serumtherapie beschäftigte brasilianische Arzt Dr. Vital hat, nachdem er mehrere Jahre dem Studium der brasilianischen Giftschlangen und der Wirkung ihres Bisses gewidmet hat, ein oder eigentlich zwei Sera gegen den Giftschlangenbiß erhalten. In ähnlicher Weise, wie Calmette, entnimmt er den Giftschlangen das Gift durch Drücken der Giftdrüse, spritzt es Pferden oder Eseln ein und zapft den immun gewordenen Tieren zweimal im Monate 2—600 Gramm Blut ab, aus dem er dann das Serum gewinnt. Nach seinen Erfahrungen aber gäbe es zweierlei Schlangengift, so daß er zweierlei Sera zu erzeugen hat, deren jedes nur für Bisse bestimmter Giftschlangen in Verwendung kommen kann, oder man muß, um ein für alle Fälle wirksames Gegenmittel zu erhalten, beide Serumflüssigkeiten mischen. Einen weiteren Fingerzeig über die Natur des Schlangengiftes geben die Versuche von Preston Kyes über Lecithin und Schlangengift. Schon S. Flexner und H. Neguchi haben beobachtet, daß durch sorgfältiges Waschen mit Kochsalzlösung von jeder Spur von Serum befreite Blutkörperchen durch Schlangengift zwar agglutiniert, aber nicht gelöst werden, diese Auflösung der Blutkörperchen aber sofort erfolgt, wenn eine Spur von Serum hinzukommt. Das würde besagen, daß die blutauflösende Wirkung des Schlangengiftes einmal durch das Schlangengift selbst, dann aber durch einen im Serum vorhandenen, gewissermaßen den Giftstoff in Aktion bringenden Bestandteil bedingt ist. H. Sachs hat weiteres gefunden, daß fötales Ochsenblut sich dem Cobragift gegenüber sehr empfindlich zeigt, während wieder Blut von Ochsen im späteren Alter gegen dieses Schlangengift vollkommen widerstandsfähig ist.

Wo es sich um rasche Hilfe bei Schlangenbissen handelt, ist der gebissene Körperteil, wo dies möglich ist, zu unterbinden, um so die Blutzirkulation an der betreffenden Stelle zu hindern, dann die Bißwunde durch einen Schnitt mit einem reinen Messer zu erweitern, damit reichlich Blut ausfließe, die Wunde mit übermangansaurem Kali auszuwaschen oder mit salpetersaurem Silber (Höllenstein) oder in Ermangelung dieser Reagentien mit einem glühenden Eisen, glühender Kohle, im Notfalle mit der glimmenden Zigarre auszubrennen und dem Gebissenen sehr starker Branntwein, Rum, Glühwein mit Pfeffer oder Paprika versetzt zum Trunke zu reichen. Diese Anwendung starker Spirituosen, die schon von den Alten geübt wurde und auch bei wilden Völkern im Gebrauch steht, hat sich immer als sehr wirksam erwiesen und beruht im wesentlichen auf der durch die Wirksamkeit des Alkohols erhöhten Nerventätigkeit, wodurch der lähmenden Wirksamkeit des Giftes entgegengewirkt wird. Anwendung galvanischer Elektrizität, das Auflegen warmer Tücher, Senfpflasters zur Hebung der körperlichen Kräfte werden nebenbei empfohlen. Vor allem handelt es sich um unverweiltes Eingreifen an Ort und Stelle.

Nach Versuchen, die G. di Cristina an Giftschlangen angestellt hat, wäre übrigens die eigentliche und ursprüngliche Aufgabe der Giftdrüsen die, den Körper der Giftschlange von den Giftstoffen zu befreien, die sich im Verlaufe der sehr langsamen Eiweißverdauung im Verdauungskanale der Schlangen bilden. Die Giftdrüsen hätten also eine ähnliche Funktion wie die Nieren zu erfüllen. Zwei der Giftdrüsen beraubte Vipern gingen bald ein, desgleichen starben Vipern, bei welchen durch Durchschneiden des Absonderungskanals die Absonderung des Giftes verhindert worden war. Daß die Bildung des Giftes mit den Verdauungserscheinungen in Beziehung steht, geht aus der Veränderung des Giftes, je nachdem die Schlangen fasten oder verdauen, hervor. Während das Gift einer regelmäßig genährten Viper für Frösche unbedingt tödlich ist, hat das Gift nach langem Fasten der Schlange keine tödliche Wirkung mehr. Auch soll nach di Cristina das Gift einer mit leicht verdaulichen Stoffen genährten Viper weniger gefährlich sein.

Von oben nach unten: Alpensalamander, Feuersalamander (fast ganz gelb), Feuersalamander (fast ganz schwarz), im Wasser Feuersalamander-larven, aus dem Wasser kriechend ein junger Feuersalamander.

# Die Lurche und Kriechtiere des Gebirges.

(Der Taufrosch. Die Gelbbauch- oder Bergunke. Der Feßler. Der Feuer-
und der Alpensalamander. Des letzteren Anpassung an das Hochgebirgsleben. Das Farbengelb des Feuersalamanders. Der Alpentriton. Land- und
Wassermolche in Parallele. Die Bergeidechse. Nattern und Vipern im
Hochgebirge.)

Von den Braunfröschen ist der Gras- oder Taufrosch
(Rana temporaria L.) ein echtes Gebirgstier. So sind die drei
Braunröcke im Gelände verschieden verteilt, der Moorfrosch
hält sich an die Nähe der Gewässer, an das feuchte Wiesenland, nicht zu weit ab von stehendem Gewässer, der Springfrosch löst ihn auf dem trockneren Wiesen- und Feldgebiet
gegen das Gebirge hin, auf den Waldwiesen, den bebuschten
und gutgrasigen Lehnen der niederen Hügel ab, und, wo
wieder das Gebirgsland beginnt, tritt der Taufrosch an die
Stelle des Springfrosches; daß man stellenweise an der einen
dieser beiden Abgrenzungen in größeren Tümpeln oder deren
Nähe Moorfrösche neben Springfröschen und wieder auf der
anderen Grenze Springfrösche und Taufrösche nebeneinander
treffen kann, hebt die Tatsache nicht auf, daß der Moorfrosch der Braunrock der Sumpfniederungen, der Taufrosch
der Braunfrosch der Gebirgsgegenden ist und der Springfrosch, wo er überhaupt vorkommt, zwischen beiden Verbrei-

tungsgebieten die Mitte hält. Wie wir diese Art von den beiden Verwandten zu unterscheiden haben, wurde schon früher besprochen. Hier sei nur noch der Färbung und Zeichnung gedacht. Auf die Bezeichnung als „Braunrock" darf der Braunfrosch von den drei Arten unserer Fauna ganz besonders Anspruch erheben, denn immer ist seine Oberseite braun (gelbbraun, rotbraun, gelbrotbraun, graubraun, schokoladebraun). Dieses Braun der Oberseite kann ganz einfarbig sein; meist aber stehen auf den Hinterbeinen und auch auf den Vorderbeinen dunkle Querbinden, und nie fehlt ein hübscher, schwarzer oder dunkelrotbrauner Schläfenfleck, der vom hinteren Augenrande durch das Trommelfell zum Vorderbein hinzieht; auch auf dem Rücken treten oft verschwommene dunkle Flecken zerstreut oder auch in zwei Reihen angeordnet auf; die Unterseite ist gelb und rotbraun gemarmelt. Von den mancherlei Farbenvarietäten, wie sie in den Wäldern der gegen Wien hinziehenden Alpenausläufer auftreten, seien mit Fr. Werner die oben auf rotbraunem Grunde hellrosenrot gemarmelte Varietät Rana temporaria var. marmorata Wern. und die oben mit großen, schwarzen, die Querbänder der Hinterbeine fast unkenntlich machenden Flecken gezeichnete Varietät R. temporaria var. nigromaculata Wern. erwähnt. In seinen Bewegungen ist der Taufrosch weit nicht so behend wie der Springfrosch und steht in dieser Beziehung auch hinter dem Moorfrosch zurück. In wenig weiten Sprüngen jagt er zwischen den Gräsern behäbig umher oder er lauert von einem geschützten Verstecke aus zwischen den Blättern auf große Fliegen, andere Insekten, Schnecken, Würmer. Seiner Opfer bemächtigt er sich entweder, indem er die Zunge weit nach ihnen herausschnellt oder, wenn es sich um größere Beute handelt, indem er rasch anspringt und mit den Kiefern zufaßt und mit den Fingern nachhilft.

Eine ausgesprochene Gebirgsbewohnerin ist die Gelbbauchunke oder Bergunke (Bombinator pachypus Bonap.).

Schon Bonaparte hat sie in seiner „Iconographia italica" (1833 bis 1841) von der Rotbauchunke unterschieden, aber erst durch Boulenger ist diese Scheidung der zwei Unkenarten streng durchgeführt worden. Beiden Arten ist der Besitz von Oberkiefer- und Gaumenzähnen, die Unsichtbarkeit des unter der Haut verborgenen Trommelfells, die warzige Haut, die dreieckige Pupille, die fast kreisförmige Gestalt der ganzrandigen, angewachsenen Zunge, das Vorhandensein einer ganzen Schwimmhaut und die lebhafte Färbung der Unterseite gemeinsam. Aber beide Arten sind auch sicher auseinanderzuhalten. Die Rotbauchunke, die Form des Tieflandes, ist nicht so gedrungen und plump gebaut, ihr Leib ist gestreckter als der der Bergunke, ihr Kopf und ihre Schnauze länger, die Schnauze auch weniger abgerundet und eine Schnauzenkante wahrnehmbar; die Kehle des Männchens ist deutlich aufgetrieben und läßt vor und hinter der Auftreibung eine Querfalte sehen; die Nasenlöcher sind dem vorderen Augenrande näher als der Schnauzenspitze; die Finger und Zehen sind viel länger und schmäler, der dritte Finger viel länger als die übrigen; die Vorderbeine reichen mit der Spitze des Daumens nie über die Spitze der Schnauze hinaus, der Fersenhöcker der Hinterbeine höchstens bis zum Vorderrand des Auges; die abgeflachten Warzen der Haut auf der Oberseite, ohne Hornstachel, lassen die Haut glatt erscheinen, während die Unterseite zahlreiche, kleinere Hornhöckerchen zeigt; die Oberseite ist heller oder dunkler grau, dunkel gefleckt und gestrichelt, die Unterseite blaugrau oder schwarzblau mit orangeroten oder zinnoberroten Flecken und vielen weißen Punkten gezeichnet. Die Bergunke dagegen ist von gedrungenerem, plumperen Bau, ihr kürzerer Kopf läßt nichts von einer schwachen Einschnürung, wie sie bei der Rotbauchunke zwischen Kopf und Rumpf wahrzunehmen ist, sehen, die kürzere, breit abgerundete Schnauze zeigt keine Schnauzenkante, die Kehle des Männchens ist nicht aufgetrieben und hat keine Querfalte, die Nasenlöcher stehen von der

Schnauzenspitze und dem vorderen Augenrande fast gleich
weit ab, die Vorderbeine, an den Kopf angelegt, reichen mit
der Daumenspitze über die Schnauzenspitze hinaus, die Hinterbeine mit dem Fersenhöcker mindestens bis zum Nasenloch, die Finger und Zehen sind kürzer und dicker als bei
der Rotbauchunke, die Warzen der Oberseite besitzen einen
großen, schwarzen, von ganz kleinen, schwarzen Stacheln
umgebenen Hornstachel, so daß der Rücken rauh erscheint,
die Unterseite aber weist nur stumpfe Hornhöcker auf, die
Oberseite ist braungelb, braungrün, gelb- oder schwarzgrau,
undeutlich dunkel gefleckt und läßt zwei helle Schulterflecken
sehen, die Unterseite ist auf schwefel- oder rotgelbem Grunde
bläulich oder dunkelgrau gefleckt. Wir haben hier die Be-
schreibung beider Arten etwas eingehender, als wir es bei
anderen Arten getan haben, gegeben, weil beide Arten, obwohl räumlich getrennt, doch von minder Kundigen immer
wieder verwechselt werden. In ihrer Lebensweise stimmt die
Bergunke mit ihrer Verwandten aus der Ebene überein, nur
daß sie in bezug auf die Beschaffenheit ihrer Wasseraufenthalte noch anspruchsloser ist. Hier, wo ich diese Zeilen nie-
derschreibe, in Klausen-Leopoldsdorf im Wiener Walde, mitten zwischen Baden und Preßbaum gelegen, wo die Gewässer
des Aggsbaches, des Ranzenbaches, des Lengbaches, des
Klein- und Großkrottenbaches, des Hollererbaches, des Rie-
senbaches und des Weidenbaches in den Hauptbach zusammenfließen und die Schwechat bilden, kann man die Bergunke
in dem klaren Gewässer dieser Bäche finden, aber auch in
den stellenweisen kleinen Tümpeln zwischen den Bächen und
dem Waldrande, in den zeitweise bewässerten Wassergräben
und sogar in den Mistlaken des Ablaufwassers der vor den
Bauernhütten aufgetürmten Düngerhaufen. Und so findet
sich die Bergunke anderswo auch in den Sümpfen, in den
Lehmwassern der Ziegeleien. Ja selbst mit den nach längerem
Regen wassererfüllten Tieffurchen schlechter Bergstraßen
nimmt sie fürlieb. Wer für solche Klangunterschiede ein gutes

Ohr hat, kann die Rotbauch- und die Gelbbauchunke auch an ihrem Ruf unterscheiden, denn das Lied der Bergunke hört sich wie „U, u, u, u", das der Tieflandunke wie „Ung, ung, ung" an.

Zu den Bergbewohnern ist auch der Feßler oder die Geburtshelferskröte (Alytes obstetricans Laur.) zu zählen. Höchstens 5 cm lang werdend, gehört der Feßler mit den Unken, deren Länge sich zwischen 3,5 und 5 cm bewegt, zu unseren kleinsten Froschlurchen. Wie bei den Wasserfröschen, den Braunfröschen und dem Laubfrosche ist auch beim Feßler das Trommelfell sichtbar, wie noch bei der Knoblauchkröte das Sehloch elliptisch und senkrecht gestellt. Die kreisrunde Zunge ist hinten nicht ausgerandet und fast vollständig angewachsen. Über dem Trommelfell ist eine kleine Ohrdrüse zu sehen, von dieser Drüse an auf jeder Körperseite auch eine Längsreihe größerer Warzen. Unterscheidet sich dieser merkwürdige Froschlurch von allen unseren heimischen Lurchen durch seine Brutpflege, deren wir schon gedacht haben, so weicht er auch sonst in seiner Lebensweise von den meisten unserer heimischen Lurche ab. Ein ausgesprochenes Landtier, geht er, wie wir gehört haben, nicht einmal zur Laichzeit in das Wasser, sondern setzt den Laich auf dem Lande ab und sucht das die Eier übernehmende Männchen das Wasser erst knapp vor dem Ausschlüpfen der Jungen auf; das Weibchen soll überhaupt gar nicht in das Wasser gehen. Die nächtliche Lebensweise des Tieres verrät schon die Form der Pupille; das Tier dürfte aus seinen selbstgegrabenen, langen Erdgängen überhaupt wenig zum Vorschein kommen.

Zwei echte Bergbewohner sind weiter unsere Landmolche, der Feuersalamander, Erdsalamander oder Erdmolch (Salamandra maculosa Laur.) und der Alpensalamander (Salamandra atra Laur.), ersterer oben glänzend schwarz, lebhaft orange- oder zitronengelb gefleckt, unten schwarzgrau, letzterer scheinbar ganz schwarz. Beide Arten unterscheiden sich auch durch die Größe (der Feuersalamander wird 20 bis 24, ja 33 cm, der Alpensalamander 10—12, höchstens 16 cm lang), durch die Stellung der Gaumenzähne (beim Feuersalamander stark S-förmig geschwungen, nach hinten einander sehr genähert, nach vorne über die inneren Nasenlöcher stark vorragend, beim Alpensalamander nur mäßig geschwungen und die inneren Nasenlöcher wenig oder gar nicht überragend), den kürzeren Kopf bei der ersteren Art und die Form des Schwanzes (beim Feuersalamander drehrund oder ganz wenig seitlich zusammengedrückt, beim Alpensalamander ersichtlich vierseitig).

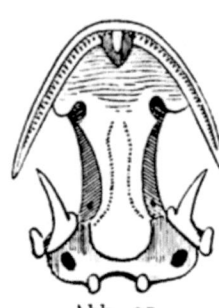

Abb. 27.
Schädel des Alpensalamanders.

Beide Molche leben in feuchten, schattigen Wäldern, in den Höhlungen alter Baumstümpfe, in tiefen Erdlöchern, unter Steinen, Mooslagen, abgefallenem Laub, dichtem Farrnkrautwuchs verborgen und sind oft monatelang im Freien nicht zu treffen. Nach einem warmen Regen aber kommen sie in Menge, der Feuersalamander zu Hunderten, in Vorschein und verlassen ihre Verstecke, um ergiebige Jagd auf Regenwürmer, Nacktschnecken, langsamere Insekten zu machen. Das Wasser sucht der Feuersalamander nur auf, um sich zu paaren und die Jungen ins Wasser abzugeben.

Kein anderer Lurch ist so ausgiebig Gegenstand fabelhaftester Vorstellungen und Zaubergeschichten geworden, wie unser schwarzgelber Landmolch, über den Aristoteles und seine Schüler viel richtigere Kenntnisse hatten, als alle ihre Nachfolger bis zum Schlusse des 17. Jahrhunderts hin. In der großen Menge machen heute noch die alten Märchen von der Unverbrennbarkeit und Zauberkraft des Feuersalamanders die Runde. Was aber, von all den Fabeleien über diese Landmolche abgesehen, uns alle an diesen Tieren ganz besonders interessiert, ist die Fortpflanzungsgeschichte dieser beiden Molche, die uns ein überaus lebhaftes Beispiel vor

Augen führt, wie in weitgehender Anpassungsfähigkeit der Tiere nicht nur die Lebensgewohnheiten, die Färbung, die Gestalt, sondern auch die Fortpflanzungsweise einer Art sich allmählich ändern und so neue Arten entstehen können. Die Paarung selbst, die erst in letzter Zeit genauer bekannt geworden ist, geht bei unseren beiden Landmolchen in gleicher Weise vor sich. Findet sie im Wasser statt, so unterscheidet sie sich eigentlich nicht von der der Tritonen, nur daß bei unseren behäbigeren Landmolchen die einleitenden Liebesspiele, in welchen die brünstigen, hochzeitsmäßig gekleideten Männchen die Weibchen umküren, in Wegfall kommen oder doch nicht so auffällig und zierlich sich kundgeben. Die der männlichen Kloake entgleitenden Spermatophoren werden von der weit sich öffnenden Kloake des Weibchens aufgenommen. Geschieht aber die Paarung auf dem Lande, dann umarmt das Männchen das Weibchen mit den Vorderfüßen oder auch nur mit einem derselben, krümmt den Körper so, daß die Genitalöffnungen der Kloake des Weibchens ganz nahe kommen, und preßt den Samenträger direkt in die weibliche Kloake. Aus der doppelten Lippe der männlichen Kloake könnte man schließen, daß es zuweilen zu einer vollständigen Vereinigung der Genitalien kommen mag.

Nicht in gleicher Weise verläuft aber bei beiden Molchen die weitere Entwickelung der Eier und Larven. Der Feuersalamander setzt, wenn man auch vom Frühlingsbeginn bis in den Oktober hin frisch abgesetzte Larven in klaren Bächen finden kann, bei uns in der Regel im April und Mai, in nördlicheren Gegenden und höher im Gebirge im Mai und Juni, in südlicheren Gegenden und überhaupt in sehr geschützter, günstiger Gegend bei sehr guter Witterung in zwei Trächtigkeitsperioden, im Februar und März und Ende September und Oktober bis über 70 lebende Larven in das Wasser ab, und zwar entgleiten diese kiementragenden, etwa 25 cm langen, schwärzlichgrauen, grünangeflogenen, hübsch goldig schimmernden, durchscheinenden Larven selbst aus

der Kloake oder sie werden — man spricht dann von Ovo-
viviparität — noch von den dünnen Häutchen umgeben als
ausschlüpfreife Embryonen abgesetzt, die das Häutchen spätestens nach einigen Minuten sprengen. Mitteilungen, denen
man da und dort begegnet, die von erfolgtem Eierlegen, also
von Oviparität beim Feuersalamander zu berichten wissen,
sind wohl auf, durch ungünstige Lebensbedingungen veran-
laßte, verfrühte Abgabe entwicklungsfähiger Eier zurückzuführen. Frühzeitige Geburten können ja durch verschiedene
Ursachen veranlaßt werden. So brachte Semper im Winter
Landsalamander aus einem Terrarium, dessen Temperatur
9 Grad R. betrug, in Wasser von 5—6 Grad. Am nächsten
Morgen fand er 20 Larven abgesetzt, die sich normal weiter
entwickelten. Nach Sempers Ansicht war es nicht die Er-
niedrigung der Temperatur als solche, als vielmehr der
Wechsel der Temperatur, der die Frühgeburt herbeiführte.
Es sind mehr als 35 Jahre her, seit ich das erstemal und
seither öfter Gelegenheit hatte, die Abgabe der jungen Larven
des Feuersalamanders ins Wasser zu beobachten. Das Weibchen richtet sich dabei, mit dem Vorderkörper außerhalb
des Wassers bleibend, an einem Steine auf. Wie schon lange
bekannt, machen nun diese abgesetzten Larven ihre weitere
Entwicklung zum Landmolche durch. Schon bei ihrer Geburt besitzen sie jederseits des Halses drei Büschel großer
äußerer Kiemen, vier zarte Beinchen und einen mit breit
abgerundetem Rudersaum versehenen Schwanz. Auffallend
ist der große, breite Kopf. Zu ihrer weiteren Verwandlung
bedürfen sie je nach günstiger Jahreszeit und reichlichem
Futter drei bis fünf Monate. Die Leibeshaut wird nach und
nach warziger, rauher, mehr und mehr beginnen die gelben
Flecken sich anzudeuten und knapp vor dem Verlassen des
Wassers schrumpfen die Kiemen ein.

Anders geht nach erfolgter Befruchtung der Eier die
weitere Entwicklung beim Alpensalamander vor sich. Obwohl auch bei dieser Art fast ebensoviel Eier in den Eileiter

gelangen und befruchtet werden, entwickelt sich jederseits nur ein Ei zum Embryo, der sich dann in seiner weiteren Entwicklung von dem Dotterbrei nährt, zu welchem die anderen, nicht zur Entwicklung kommenden Eier zusammenfließen, und die beiden Embryonen kommen nicht zur Absetzung ins Wasser, sondern machen ihre Metamorphose im Mutterleib durch. Wir haben es also mit einer ganz merk-

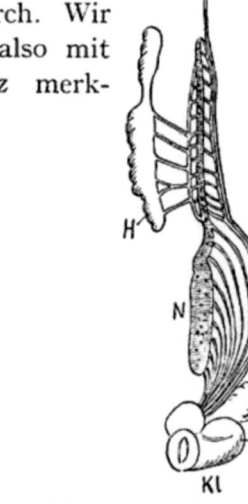

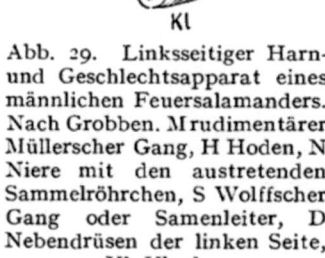

Abb. 28. Spermatozoe eines Salamanders (mit einem Saum längs des Schwanzes).

Abb. 29. Linksseitiger Harn- und Geschlechtsapparat eines männlichen Feuersalamanders. Nach Grobben. M rudimentärer Müllerscher Gang, H Hoden, N Niere mit den austretenden Sammelröhrchen, S Wolffscher Gang oder Samenleiter, D Nebendrüsen der linken Seite, Kl Kloake.

Abb. 30. Linksseitiger Harn- und Geschlechtsapparat eines weiblichen Feuersalamanders. Nach Grobben. H der dem Wolffschen Gang entsprechende Harnleiter, M Oviduct (Müllerscher Gang), N Niere, O Ovarium.

würdigen, in ihrer Art in der Lurchwelt ganz einzig dastehenden Entwicklungsart zu tun, die auf Kosten der übrigen befruchteten Eier nur einige zur Entwicklung kommen läßt.

Trotz dieser wichtigen Unterschiede zwischen den beiden

Landmolchen liegt die enge Verwandtschaft beider Arten doch sehr nahe. So verschieden die Entwicklung beider Arten auch erscheint, so deutet doch schon der Umstand, daß bei beiden Arten fast die gleiche Anzahl von Eiern in die Eileiter gelangt, auf die nahe Verwandtschaft. Wenn weiter die Embryonen, die sich im Mutterleibe des Alpensalamanderweibchens weiter entwickeln, obgleich sie ihre Metamorphose nicht im Wasser durchzumachen haben, stark entwickelte Kiemen zeigen, so will das nach biogenetischen Gesetzen doch besagen, daß sie einst denselben Funktionen dienten, wie die Kiemen der sich im Wasser entwickelnden Feuersalamanderlarven. Beide Tatsachen sprechen dafür, daß die verschiedene Entwicklung des Alpensalamanders sich infolge der Anpassung an geänderte Existenzbedingungen herausgebildet habe.

Eine Reihe von Wahrnehmungen spricht weiter dafür, daß man in den beiden Landmolchen zwei nächstverwandte Arten, im Alpensalamander die jüngere, im Feuersalamander die Stammform zu sehen habe. Wo die Gebiete beider Arten sich berühren, kommt es zu mancherlei Übergängen in der Fortpflanzungsweise. Bei an tiefergelegenen Standorten vorkommenden Alpensalamandern zeigen sich außer den zwei Embryonen im Uterus sogenannte Nebenembryonen und Abortiveier, welche noch einige Furchungen mehr durchmachen, als die zu einem Nahrungsdotterbrei zusammenfließenden Eier; ja es sind auch zwei Embryonen in jedem Uterus vorgefunden worden. Wiederholt zeigten sich die Weibchen des Alpensalamanders in solchen niedriger gelegenen Gebieten geneigt, die Jungen ins Wasser abzusetzen. Je höher der Feuersalamander ins Gebirge vorrückt, desto größer werden die Embryonen, desto kleiner ihre Zahl und desto größer die Zahl der nicht zur Entwicklung gelangenden Abortiveier. Während es so bei den in den niedersten Gebieten ihrer vertikalen Verbreitung vorkommenden Alpensalamandern zu einer habituellen Frühgeburt, zu einem frei-

willigen Absetzen der Jungen ins Wasser und einer größeren
Zahl von Jungen kommen kann, können umgekehrt Feuersalamanderweibchen, denen die Gelegenheit, ihre Embryonen
abzusetzen, genommen ist, zu habituellen Spätgeburten genötigt werden, gezwungen sein, die Jungen bis zu vollendeter
Metamorphose im Mutterleibe zurückzubehalten und dann
eine geringere Zahl von Jungen abzugeben. Wiederholt hat
man beobachtet, daß weibliche Feuersalamander ihre Jungen
in Ermangelung einer Wasserstelle in feuchtes Moos absetz-
ten. Und auch bezüglich der Färbung und Zeichnung zeigen
sich Übergänge zwischen beiden Arten. Beim Alpensalamander, der übrigens nicht immer ausgesprochen schwarz,
sondern zuweilen fast braun erscheint, zeigt sich, wie Kammerer aufmerksam macht, bei Exemplaren der Montanregion
sehr häufig auf der schwarzen Grundfarbe, besonders auf
der Kehle und Brust, die Anwesenheit vieler kleiner, weißlich-
gelber Fleckchen und andererseits vermindert sich beim
Feuersalamander im Hochgebirge die Zahl und Größe der
Flecken.

Es lag nun nahe, auf experimentellem Wege zu untersuchen, wie man sich den Übergang der einen Landmolchart
in die andere zu denken habe. Hat sich die eigentümliche
Fortpflanzung des Alpensalamanders als Konsequenz der Anpassung an die ungünstigeren Lebensverhältnisse im Hochgebirge herausgebildet, dann müßten gleichen Existenzver-
hältnissen, wie sie für die im Wasser lebenden Larven des
Feuersalamanders bestehen, ausgesetzte Embryonen des Alpensalamanders sich auch wie diese Feuersalamander im
Wasser weiterentwickeln und umgekehrt müßte man den Embryonen des Feuersalamanders mutatis mutandis den Entwicklungsgang wie bei den Embryonen des Alpensalamanders
aufnötigen können. Solche gewaltsame Versuche sind auch
schon wiederholt gemacht worden, so von v. Schreibers,
Czermak, v. Siebold, Marie v. Chauvin, Schwalbe, und jüngst
in ganz besonders planmäßiger und erfolgreicher Weise von

P. Kammerer, der an 1568 Feuersalamandern von 36 verschiedenen Fundorten (in 30—1000 Meter Seehöhe) und 1243
Alpensalamandern von 13 verschiedenen Standorten (in 750
bis 2300 Meter Seehöhe) seine verschiedenen Beobachtungen
anstellte und dem es gelungen ist, in einem viel früheren
Stadium, als es bei den bekannten Versuchen des Frl. von
Chauvin der Fall war, befindliche Föti des Alpensalamanders
im Wasser aufzuziehen. Versuche mit noch innerhalb der Ei-
blase befindlichen Embryonen führten zu keinem Ziel, wohl
aber gelangen die Versuche mit sich frei in dem umgebenden
Dotterbrei bewegenden Embryonen des zweiten Stadiums und
mit solchen des dritten Stadiums, in welchem der von den
unentwickelt gebliebenen Eiern herstammende Dotterbrei auf-
gezehrt ist. Ein 19 mm langer, dem Uterus eines Alpensalamanderweibchens entnommener Embryo des zweiten Stadiums, der bereits etwas über das Ellbogengelenk entwickelte
Vorderbeine, aber noch keine Hinterbeine besaß und 6 mm
lange Kiemen zeigte, wurde am 13. August behutsam aus
dem Uterus ins Wasser geschüttelt und mittelst einer feinen
Hornpinzette von dem anhaftenden Dotter sorgfältig befreit.
Er blieb gegen acht Stunden in der Rückenlage und ging
dann erst in die Bauchlage über. Während der ersten Woche,
in der er ungestört blieb, wurden die Kiemen immer kürzer,
verloren ihre rote Färbung und glichen schließlich mit den
kurzen Kiemenfäden und dem verdickten Kiemenkörper den
Kiemen der Feuersalamanderlarven; ihre Atmungstätigkeit
verriet das regelmäßige Pulsieren. Am 8. Tage nahm der
Embryo schon etwas aus dem Uterus eines anderen Weibchens entnommenen Dotterbrei an. Am 24. August waren
die Vorderbeine vollständig entwickelt, die Hinterbeine als
kleine Stummel zu sehen. In zwei weiteren Wochen waren
auch die Hinterbeine fertig. Die Larve war jetzt 30 mm lang
und wurde von jetzt ab mit dem bekannten Röhrenwurm
(Tubifex) unseres Süßgewässers gefüttert. Am 10. November
war die Metamorphose beendet. Ebenso glückten Kammerer

die Versuche mit 83 dem Uterus von Alpensalamanderweib-
chen entnommenen Embryonen des dritten Stadiums. Vergleicht man einen solchen dem Mutterleib entnommenen Embryo eines Alpensalamanders mit gleichalten, im Wasser
lebenden Larven des Feuersalamanders, so erscheinen letztere
schlank und plattgedrückt, ihr Hauptbewegungsorgan, der
Ruderschwanz, breitgesäumt, der breite Kopf mit kräftigen
Raubkiefern ausgestattet — alles auf den Selbsterwerb der
Nahrung und die deshalb nötige freiere Bewegung hindeu-
tend —, während die im Mutterleibe mit Nahrung versorgten
und geschützten Embryonen einen kleinen, schmalen Kopf
mit schwachen Kinnladen, schmächtige Beine, schwachge-
säumten Ruderschwanz zeigen und nur mit ihren mächtigen,
zartgefiederten Kiemen den Larven im Wasser über sind;
sie zeigen auch in ihrem auffälligen einfarbigen Dunkel
nicht die hell und dunkel gezeichnete Anpassungsfärbung der
Feuersalamanderlarven. Das wird aber von dem Momente,
da der dem Mutterleibe entnommene Embryone zur frei im
Wasser lebenden Larve gemacht worden ist, rasch anders.
Die Kiemen, der Flossensaum des Schwanzes, die ganze
äußere Haut und die Färbung beginnen sich dem Wasserleben anzupassen; in teilweiser Häutung und Resorption wird
das alte Epithel der Kiemen abgestoßen und ein neues der-
beres, pigmentreicheres Epithel gebildet, gleichzeitig schrän-
ken sich die Kapillargefäße ein, die noch aus dem Mutterleib
herübergebrachten Kiemen werden abgeworfen und es bilden
sich neue, für die Atmung im Wasser taugliche Kiemen;
man sieht die früher anliegenden Kiemen sich jetzt von den
Leibesseiten abheben und fast wagrecht vom Halse abstehen,
die Kiemenfäden breiter und kürzer werden, die Zahl ihrer
Blutgefäße nimmt ab, die blutrote Färbung wird matter,
schmutzig rötlichbraun und schließlich erscheint die ganze
Kieme dicker, ihr Körper breiter, die Kiemenfäden finger-
förmig. In 6—10 Tagen ist der frühere Schwanzsaum ganz
absorbiert und nach weiteren 6—8 Tagen durch einen breiten

Rudersaum ersetzt. So ist die Larve weniger auffällig und viel beweglicher geworden.

Aber auch die Versuche, umgekehrt beim Feuersalamander die durch Anpassung an das Hochgebirgsleben entstandene Fortpflanzungs- und Entwicklungsweise des Alpensalamanders herbeizuführen, sind gelungen. Von anderen mehr und minder deutlichen Angaben in der Literatur abgesehen, deutet auf diese Möglichkeit schon v. Bedriaga hin, wenn er vom Feuersalamanderweibchen sagt: „In anderen Fällen, wenn die Mutter gezwungen wird, längere Zeit ausschließlich auf dem Lande zu leben, kommen die Larven auffallend groß und mit kurzen Kiemen zur Welt und verwandeln sich sehr rasch in lungenatmende Tiere." Kammerer hat Feuersalamander jahrelang gefangen gehalten, ihnen Wasserbecken ganz entzogen und nur durch Bespritzung mit dem Bestäuber für die unumgänglichste Feuchtigkeit ihres Aufenthaltes gesorgt, den gefangenen Tieren aber sonst so günstige Lebensbedingungen geboten, daß sie sich trotz des Entzuges von Wasserbehältern sehr wohl befanden und auch zur Fortpflanzung schritten. Wurden knapp vor dem Gebären stehende Weibchen in ein solches, des Wasserbehälters entbehrendes Terrarium gebracht, so zeigten sie sich sehr unruhig, krochen wassersuchend lebhaft umher und gaben schließlich die Jungen, von Geburtswehen überfallen, auf das feuchte Moos ab. Sind es aber Weibchen, bei denen die Geburt noch nicht unmittelbar bevorsteht oder die überhaupt noch nicht trächtig sind, die man in ein solches wasserloses Terrarium bringt, so zeigt schon der nächste Wurf Anfänge der Anpassung, indem ein Teil der länger im Mutterleib zurückgehaltenen Larven größer und fortgeschrittener entwickelt erscheint, und dies auf Kosten des anderen verkümmert zurückgebliebenen Teiles der Larven. Bei den nächsten Würfen zeigen sich dann jährlich immer deutlichere Fortschritte der Anpassung, die lebensfähig zur Welt kommenden Larven sind immer größer, der Metamorphose näher, aber auch in immer geringerer Zahl, der Rest des Wurfes ist fast durchweg verkrüppelt. In zwei bis drei Jahren nach vier bis sechs Trächtigkeitsperioden ist dann die Anpassung eine immer vollkommenere geworden. Die Jungen werden nun mit nur ganz winzigen, unbrauchbaren Kiemenresten oder ohne solche, aber noch mit offenen Kiemenspalten oder selbst mit bereits verwachsenen Kiemenspalten als fertige Landtiere abgesetzt. Die Zahl solcher fertig geborener Jungen ist aber nach Kammerers Beobachtungen nicht so konstant wie beim Alpensalamander und schwankt zwischen zwei und sieben. Vergleicht man solche im Mutterleibe bis zu ihrer fertigen Metamorphose zurückgehaltene Larven des Feuersalamanders mit gleichalten im Wasser lebenden, so zeigt es sich, daß z. B. die Larven des dritten Stadiums die embryonale Form der sowohl als Atmungs- als Ernährungsorgane funktionierenden Kiemen beibehalten, der Flossensaum sehr schmal ist und die primäre dunkle Färbung beibehalten bleibt. Aber auch bei den dann geborenen jungen fertigen Feuersalamandern lassen sich, verglichen mit solchen jungen Tieren, die ihre Metamorphose im Wasser durchgemacht haben, Unterschiede wahrnehmen. Gegenüber den im Wasser verwandelten erscheinen diese im Mutterleibe zur vollen Entwicklung gelangten jungen Feuersalamander als kleinere Hungerformen; auch tritt bei ihnen das Gelb der Zeichnung gegen die schwarze Grundfarbe zurück.

An dem Feuersalamander interessiert uns aber auch sein auffälliges Farbenkleid. Unter unseren heimischen Molchen, so farbenbunt auch die Tritonen in ihrem Hochzeitskleide erscheinen, tritt doch keiner in so farbengrellem Kleide auf wie der Feuersalamander, dessen Oberseite auf glänzend schwarzem Grunde grellgelbe Flecken scharf sich abhebend zeigt. Trotzdem wird gerade dieses Gelb dem zwischen dem fahlen Laub des Waldbodens sich bergenden Tier zum Schutze, denn schwer nur wird man eines Feuersalamanders im Rahmen seiner Laubumgebung gewahr. Erst wenn der

Molch nach einem Regen seine Verstecke verläßt und auch auf die einfarbigeren Waldwege heraustritt oder auf dem Wege zum Wasser hin, fällt er in seinem Schwarz und Gelb lebhaft auf, und jetzt wirkt seine grelle Färbung lurchfressenden Tieren gegenüber als warnende Schreckfärbung. Besieht man sich Färbung und Zeichnung des Feuersalamanders näher, so erscheint die Oberseite glänzend schwarz oder auch schwarzbraun, die Unterseite mehr dunkelgrau und die Fleckenzeichnung der Oberseite von größeren und kleineren, rundlichen oder wieder mehr in die Länge gezogenen Flecken gebildet. Wer aber da unter vielen Hunderten, wie ich es getan habe, zwei Exemplare herausfinden wollte, die in bezug auf die Anordnung der Flecken, ihre Größe und Form und Zahl völlig miteinander übereinstimmen würden, täte vergebliche Arbeit und müßte glauben, daß diesbezüglich gar keine Gesetzmäßigkeit bestehe. Ich habe dann den Versuch anders angepackt und in wiederholter Aufzucht der von den Weibchen in das Wasser abgelegten Larven das Auftreten der gelben Fleckenzeichnung verfolgt und gefunden, daß alle typischen Exemplare je einen gelben Flecken über den Ohrdrüsen, je einen auf der Wurzel der vier Gliedmaßen und meist auch eine in der Anordnung wohl sehr wechselnde Reihe gelber Flecken längs des Rückens zeigen. Man wird weiter finden, daß das Gelb selbst bezüglich seiner Sättigung und Nuance vielfach wechselt und die Färbung der Flecken orangegelb, dunkelstrohgelb, zitronengelb, hellschwefelgelb, aber auch braunrot, weinrot, blutrot, zinnoberrot, ziegelrot, graurot sein kann. Auch die Unterseite kann, von den kleinen, gelblichen Flecken anderer Art abgesehen, solches Fleckengelb zeigen; so weiß F. Werner über einen von seiner Schwester aufgefundenen Feuersalamander von Pichl bei Mondsee zu berichten, bei welchem die ganze Unterseite der Kehle mit Ausnahme des schwarzen Unterkieferrandes (sonst gelb) lebhaft gelb, der Bauch auf hellgelblichem Grunde mit großen hochgelben Flecken bedeckt war und auch die Schwanzunterseite eine breite gelbe Linie zeigte.

Von oben nach unten: Mauereidechse, Bergeidechse, grüne
Eidechse und Zauneidechse.

Unter den mannigfachen Farbenspielarten, unter denen so der Feuersalamander auftritt, ist die Varietät: Salamandra maculosa var. corsica Savi durch die große Zahl und die Kleinheit der gelben Flecken in zwei Längsbinden und eine durch Anreihung der gelben Flecken in vier Längsstreifen auffallende Form zu nennen. Nach Kammerer stehen die Größe, Zahl und Sättigung der gelben Flecken in geradem Verhältnisse zu einander. Wo die Flecken nur spärlich auftreten, sind sie meist auch blaßgelb, dagegen stark gesättigt, wo die gelben Flecken groß und zahlreich auftreten. Man könnte meinen, daß solche bedeutendere Abweichungen in der Zahl, Größe und Sättigung der Flecken bei geographisch verschieden vorkommenden Exemplaren zu finden sein werden. Kammerer gibt auf Grund seines zahlreichen Beobachtungsmateriales und anderweitiger Angaben an, daß bei den Exemplaren aus dem Hügelland, aus der norddeutschen Tiefebene, dann aus Spanien und Südfrankreich das Fleckengelb sehr reichlich vertreten ist, zuweilen sogar gegenüber dem Schwarz vorherrscht und auch die Unterseite stark gefleckt oder ganz gelb ist, da bei den aus Portugal stammenden Exemplaren zu den sehr zahlreichen gelben Flecken noch rote hinzutreten; bei den Exemplaren aus dem deutschen Mittelgebirge, den Ausläufern und der unteren Bergregion der Alpen erscheinen die gelben Makel meist unregelmäßig geformt und verteilt, oberseits mäßig groß und mäßig zahlreich, unterseits spärlich und wenig intensiv und die Schattierungen des Gelb gemischt vertreten; bei Feuersalamandern aus den Alpen, von den oberen Grenzen des vertikalen Verbreitungsgebietes dieser Art, herrscht ersichtlich das Schwarz vor, die gelben Flecken sind spärlich vertreten, klein und von blassem Gelb, die Unterseite ist meist ungefleckt (in einer Höhe von ungefähr 1230 Meter wurde auf dem Schöckl-Plateau ein Feuersalamander mit ganz wenigen und nicht ausgesprochen gelben, sondern mehr bräunlichen Flecken gefangen); auch die Feuersalamander aus dem Südosten Euro-

pas, dann die aus dem äußersten Süden zeigen nur wenige
und kleine gelbe Flecken.

Aber es müssen noch andere Einflüsse auf die Fleckenzeichnung in Betracht gezogen werden, sonst wäre es nicht
möglich, daß in einer und derselben Gegend überaus reichlich gelb gefärbte und wieder ganz spärlich gefleckte Exemplare gefunden werden können. Unter den vielen Hunderten
Exemplaren aus dem Wiener Walde, die ich im Laufe der
Jahre zu zeitweiser Beobachtung eingefangen habe und dann
wieder freiließ, waren neben den normalen, nicht besonders
viele und nur mäßig große Gelbflecken zeigenden Exemplaren wiederholt auch solche mit sehr zahlreichen und großen
Flecken gezeichnete und wieder andere mit sehr wenigen,
kleinen Flecken gezeichnete und war das Fleckengelb tiefgelb oder blaßgelb und fehlte auch gelegentlich verschiedenes
Rot nicht. Unser Vollbild zeigt einen mit nur ganz spärlichen
gelben Flecken gezeichneten, fast ganz schwarzen Feuersalamander und ein bis auf wenige schwarze Rücken- und Seitenflecken fast ganz gelbes Exemplar derselben Art, die ich
vor drei Jahren in Unterach (Oberösterreich) in demselben
Walde gefangen habe. Es sprechen da eben, wie Kammerer
in Prüfung der geologischen, klimatischen und meteorologischen Verhältnisse sehr zahlreicher Fundorte des Feuersalamanders und nach Beobachtungen in der Gefangenschaft gefunden hat, Wärme und Kälte, Luft- und Bodenfeuchtigkeit,
Trockenheit, die mineralogische Beschaffenheit des Bodens
mit. Warmes Klima fördert, kaltes hemmt die Fleckenzeichnung und die Sättigung der Flecken. Wo der Aufenthalt
sehr trocken, arm an Gewässern ist, tritt die gelbe Fleckenzeichnung in bezug auf die Zahl, Größe und Sättigung der
Farbe zurück, während sie in luft- und bodenfeuchten Gegenden, reich an kleinen Wasserläufen, in dieser Richtung zunimmt. Feuersalamander aus Gebieten mit Schiefer, Urgestein und Sandgestein als Untergrund sind nicht nur zahlreicher, sondern auch größer und intensiver gelb gefleckt

als Exemplare aus dem weit trockeneren, wasserärmeren Kalk-
gebirgslande. Während schwarzer Humusboden das Vorherr-
schen der schwarzen Grundfärbung begünstigt, nehmen bei
auf Lehmboden lebenden Exemplaren die gelben Flecken an
Größe, Zahl und Sättigung zu und treten bei solchen Tieren
auch die roten Flecken besonders auf. Schon v. Schreibers
hat von Riesenexemplaren in nassem Lehm gehaltener Feuersalamander gesprochen. Kammerers Beobachtungen an jahrelang auf feuchter Lehmerde bei gleichmäßiger Temperatur
von 18—22 Grad C. gehaltenen Feuersalamandern bestätigen
diese Angabe v. Schreibers. Die Tiere wurden länger und
ihre gelben Flecken nahmen an Größe, Zahl und Farben-
intensität zu.

Wie es gekommen, daß die von dem Feuersalamander
abgezweigte Alpenform die Fleckenzeichnung aufgegeben hat
und einfarbig dunkel geworden ist, läßt sich nach Werner
aus den klimatischen Verhältnissen erklären. Die Dunkel-
farbe absorbiert die meisten Wärmestrahlen und befähigt so
das dunkelgefärbte Tier, im Hochgebirge noch bei einer
Temperatur zu existieren, bei der die bunterfärbigen Verwandten der Ebene nicht mehr fortkommen würden. In
seinem einfarbigen Schwarz erscheint der Alpensalamander,
der sich weniger im Walde, als auf den Viehtriften und
Wiesen aufhält, besser dem Boden angepaßt und geschützt.
Endlich ist es nach Kammerers Beobachtungen die verhält-
nismäßige Trockenheit der Luft und des Bodens im Hochgebirge, welche das Dunklerwerden begünstigt, während der
feuchtere Aufenthalt des Feuersalamanders das Vortreten der
gelben Fleckenzeichnung fördert, wie man ja auch in trockeneren Gebieten des südöstlichen Europa lebende Feuersalamander weit weniger reichlich gelb gefleckt findet.

Im Gebirge lernen wir auch noch einen Triton kennen,
den Alpentriton (Molge alpestris Laur.), dessen hochzeit-
lichen Schmuckes wir schon gedacht haben. Vom Kammmolch unterscheidet sich dieser nur 7,5—10 cm lange, schönste

unserer heimischen Tritonen durch die Stellung der Gaumenzähne, die in zwei nach vorne über die inneren Nasenlöcher
nicht hinausragenden, nach vorne zusammenstoßenden, eine
Λ-förmige Figur bildenden Reihen angeordnet sind; sie weichen nach rückwärts viel weiter auseinander als beim kleinen
Teichmolch. Im Sommer kann man diesen Triton oft weitab
von allem Wasser hoch im Gebirge unter Moos oder Steinen
zusammengekauert finden. Der Larven dieser Art und der
anderen Tritonen werden wir noch später gedenken.

Stellen wir die Landmolche und Wassermolche in Parallele, so zeigt sich bei letzteren, obwohl auch sie den Sommer
über nach Art der Landmolche am Lande leben können, die
viel bessere Anpassung an das Wasserleben. Sie kommt schon
bei den Larven zum Ausdruck, denn überaus gewandt
schwimmt die zartbeinige Tritonlarve mit Hilfe ihres höheren,
fast über den ganzen Rücken ausgebreiteten, gegen das hin-
tere Ende zugespitzten Flossensaumes im Wasser umher, während die mit einem viel kürzeren, weniger hohen, breit zuge-
rundeten Flossensaume bedachte Landmolchlarve sich nur in
kurzen Stößen im Wasser fortbewegt und es vorzieht, die
kräftigen Beine zu benützen und am Boden des Wassers
fortzukriechen. Und noch greller sticht die Ruderfertigkeit
der fertigen Tritonen von dem recht plumpen Schwimmen
der Landmolche ab. Noch größer ist der Unterschied in der
Entwicklung der Landmolche und der Tritonen. Der Alpensalamander macht, wie wir gesehen haben, seine ganze Entwicklung im Mutterleibe durch und wird als fertiger Landmolch geboren. Die Feuersalamanderlarven werden als schon
vierfüßige, 24—30 mm lange Larven lebend geboren, die
Tritonen legen Eier. Trotzdem bestehen zwischen beiden
Gruppen so außerordentliche Ähnlichkeiten und zeigt sich
ein im Sommer außer Wasser lebender Triton so ganz wie
ein Landmolch, daß ich mich nicht damit zu befreunden vermag, die übliche und eingelebte Scheidung unserer heimischen Schwanzlurche in Landmolche und Wassermolche

aufgelassen zu sehen und, wie man es versucht, als „Molche" nur die Tritonen zu verstehen.

Auch die Kriechtierwelt ist im Gebirge vertreten. Kreuzottern und Vipern habe ich in Höhen von 1700 Metern wiederholt gefangen; man hat aber alle unsere vier Vipern noch in Höhen von über 2000 Metern aufgefunden. Auch die Ringelnatter geht bis 2000 Meter hoch ins Gebirge hinauf. Die Äskulapnatter tritt in den Alpen und Karpathen noch bis zu 1600 Meter Höhe auf. Wo noch Eidechsen vorhanden sind, fehlt auch die Schlingnatter nicht. Zauneidechsen habe ich noch in Höhen von 2000 Metern angetroffen. Am höch-

Abb. 31. Kopfbeschildung der Bergeidechse.

sten geht aber die Bergeidechse (Lacerta vivipara Jacqu.) im Gebirge vor. Auf dem Schneeberge, dem Sonnenwendstein und der Raxalpe in Niederösterreich kommt sie noch in der Höhe bis zu 1800 Meter vor. Nach Gredler tritt sie in Tirol an verschiedenen Stellen in Höhen von über 2000 Metern auf. Tschudi gibt in seinem „Tierleben der Alpenwelt" den höchstgelegenen Fundort mit über 2900 Meter über dem Meere am Umbrail oberhalb Spada longa an, wo der Eidechse kaum ein zwei Monate langes Sommerleben gegönnt ist.

Unter unseren vier heimischen Eidechsenarten verdient die Bergeidechse schon wegen ihrer Fortpflanzung unser besonderes Interesse, indem sie unter den echten Eidechsen die einzige lebendgebärende Art ist. Die Bergeidechse wird 12,5 cm lang und ist auf der Oberseite rot-, gelb- oder graubraun, mit einer am Hinterkopf beginnenden Reihe dunkler Flecken längs der Rückenmitte gezeichnet; jederseits zieht ein dunkles, breites Längsband die Leibesseite entlang; die Unterseite ist beim Männchen gelbrot, seltener grünlichgelb oder bläulichgrün, mehr oder weniger reichlich schwarz gepunktet oder gefleckt, beim Weibchen hellgelb, ungefleckt. Sonnige Abhänge, niedrig begraste Wiesen in der Nähe des Gewässers, wo sie, rascher als unsere Zauneidechse, nach

Würmern und verschiedenen Insekten Umschau haltend, sich
herumtreibt oder unter Baumrinden, Steinen sich birgt, sind
der Aufenthalt der Bergeidechse. Ihre Jungen sind schwarz
gefärbt und auf jeder Leibesseite mit zwei Reihen hellgelb-
licher Punkte gezeichnet.

# Das Sommerleben unserer Lurche und Kriechtiere.

(Die Kaulquappen unserer stehenden Gewässer. Die Larven unserer vier Tritonen. Abschluß der Metamorphose. Entwicklungshemmungen und Neotenie. Künstliche und natürliche Doppelbildungen und Regeneration. Das Sommerleben der erwachsenen Lurche. Auswanderung und Sommerschlaf. Das Eierlegen der Eidechsen und Schlangen. Lebendgebärende Reptilien. Unsere junge Lurch- und Kriechtierwelt.)

So lange in den ersten Frühlingsmonaten die elterlichen Tiere noch im Laichen begriffen sind und die Klumpen oder Schnüre der Gallerthüllen des Laiches noch vorhanden sind, kann man bezüglich der Art der ganz jungen Froschlurchlarven, welche eben erst die Eihülle verlassen haben, noch leichter ins klare kommen und mindestens bestimmen, ob man es mit Larven echter Kröten, echter Frösche, einer Froschkröte oder eines Laubfrosches zu tun hat. Ist aber auf unserer Halbkugel mit der Sommersonnenwende der Sommer eingetreten und hat jetzt auch der Wasserfrosch als letzter seine Paarungszeit hinter sich, da finden wir die Zahl der Froschlurchlarven, die so manchem Wasserbewohner zu willkommener Nahrung dienen, schon sehr verringert, die Quappen halten sich jetzt mehr gegen den Boden hin und fallen uns trotz ihrer Größe weit nicht mehr so auf, wie zur

Zeit, da sie noch in Mengen an den Resten der Eihäute ge-
hangen. Diese zerstreuten, verschieden großen Kaulquappen
nach ihrer Art sicher zu bestimmen, ist erst möglich, wenn
wenigstens die Hinterbeine schon zum Vorschein gekommen
sind; die bereits vierbeinigen Quappen lassen sich bereits
nach den Merkmalen der erwachsenen Individuen bestimmen.

Bei Bestimmung solcher Kaulquappen hat man auf die
Lage der Kiemenlöcher und der Afteröffnung, die Mundbil-
dung und die Gestalt des Schwanzes zu achten. Betrachtet
man den Kaulquappenmund von unten, so sieht man den
ganz oder teilweise mit kleinen, warzenähnlichen Papillen
besetzten äußeren Mundrand, den inneren Hornschna-
bel, der aus einem größeren, gewöhnlich halbmondförmigen
Oberkiefer und einem kleineren, stärker gebogenen Unter-
kiefer besteht, und die sogenannten Lippenzähne, welche
vor und hinter dem Munde in deutlichen Reihen, deren jede
wieder aus 2—3 parallelen Zähnchenreihen bestehen kann,
angeordnet sind.

Am raschesten verläuft die Weiterentwicklung bei den
echten Kröten, die in der Regel nicht nur die Eihülle viel
früher verlassen als die Wasser-, Braun- und Laubfrösche,
sondern sich auch in der weiteren Entwicklung beeilen, zu
Landtieren zu werden. Drei oder vier Tage nach erfolgter
Laichabgabe sieht man schon die Larven z. B. der Wechselkröte oder der Kreuzkröte außerhalb der Eihüllen, während
bei den echten Fröschen, den Laubfröschen, der Knoblauchkröte die Larve erst mehrere Tage später, schon mit den An-
fängen der äußeren Kiemen und mit einem langen Ruderschwanze versehen, die Eihäute durchbrechen und die Larven
des Feßlers gar erst, wenn schon die Schwanzwirbelsäule entwickelt ist, die äußeren Kiemen schon wieder verschwunden
sind und auf dunkelbraunem Grunde schon die glänzend gelb-
weiße Fleckenzeichnung auftritt. Daß sich aber auch da
mancherlei Unregelmäßigkeiten ergeben und bezüglich der
Entwicklungsdauer durchaus keine ganz bestimmten Angaben

machen lassen, habe ich auch heuer wieder gesehen. So setzten die Taufrösche hier den ersten Laich am 29. März ab und verließen die ersten Larven am 4. April die Eihülle. Von Erdkröten erhielt ich den ersten Laich am 16. April und erst am 27. April·sah ich die ersten Larven an den Wänden hängen und erst am 5. Mai die bisher fast regungslosen Tierchen sich herumbewegen.

Beim Laubfrosch, den echten Fröschen, den echten Kröten und der Knoblauchkröte ist das Kiemenloch auf der linken Seite des Körpers, beim Feßler und den beiden Unken in der Mitte des Bauches gelegen. Während aber bei den echten Kröten und der Knoblauchkröte die Afterröhre in der Mitte des Körpers sich befindet, ist sie bei den echten Fröschen und dem Laubfrosch nach unten gerichtet. Beim Wasserfrosch und Moorfrosch stehen die Lippenzähne oberhalb des Mundes in 2 oder 3 Reihen, unter dem Mund in 3 Reihen, beim Taufrosch und Springfrosch oberhalb des Mundes in 3—4 Reihen, unter dem Mund in 4 Reihen. Bei der Erdkröte, Wechselkröte und Kreuzkröte ist das Kiemenloch gerade nach hinten gerichtet, der Schwanz abgerundet, zeigen die Mundränder nur an den Seiten warzenartige Papillen und stehen die oberen Lippenzähne in 2, die unteren in 3 Reihen, bei der Knoblauchkröte aber ist das Kiemenloch nach aufwärts und hinten gerichtet, der Schwanz am Ende zugespitzt, sind die Mundränder bis auf einen schmalen Raum oben mit Papillen besetzt und stehen die Lippenzähne in vier Reihen. Bei den Unken stehen die Lippenzähne oberhalb des Mundes in 2, unterhalb desselben in 3 Bogenreihen und ist der Mundrand rundherum mit Papillen besetzt. Während beim Laubfrosch die Augen von oben und unten sichtbar sind, der obere Hautsaum des meist langspitzig ausgezogenen Schwanzes weit nach vorne, fast bis zwischen die Augen reicht und der Papillenkranz um den Mund oben unterbrochen erscheint, stehen bei den echten Fröschen die Augen ganz auf der Oberseite, reicht der obere Schwanzsaum nur bis zur Körpermitte und fehlen die Papillen am Oberrande des Mundes ganz.

Kann man so unsere heimischen Kaulquappen einmal hinsichtlich der Lage des Kiemenloches in Mediogyrinidae (Feßler und Unken) und in Laevogyrinidae (echte Frösche, echte Kröten, Laubfrosch, Knoblauchkröte), die letzteren wieder nach der Lage der Afterröhre in drei Gruppen einteilen, deren einer der Laubfrosch, der zweiten die echten Frösche, der dritten die echten Kröten und die Knoblauchkröte angehören, und dann wieder nach den Lippenzähnen Wasserfrosch und Moorfrosch von Taufrosch und Springfrosch, nach der Richtung des Kiemenloches, der Schwanzform, den Papillen und Lippenzähnen die echten Kröten von der Knoblauchkröte unterscheiden, so lassen sich weiter auch die einzelnen Arten leicht auseinanderhalten. Beim Wasserfrosch ist der Raum zwischen den Augen mindestens zweimal so breit, als der Raum zwischen den Nasenlöchern, und ist der Schwanz wenigstens zweimal so lang, als der Leib, beim Moorfrosch der Raum zwischen den Augen nur wenig breiter als der zwischen den Nasenlöchern und der Schwanz höchstens zweimal so lang als der Leib. Beim Taufrosch ist der höchstens zweimal so lange Schwanz am Ende abgestumpft, beim Springfrosch der am Ende zugespitzte Schwanz wenigstens zweimal so lang als der Leib. Die Larven der Erdkröte sind schwarz und zeigen den Raum zwischen den Augen doppelt so groß wie den zwischen den Nasenlöchern, während die Larven der Wechselkröte grau sind und bei ihnen der Raum zwischen den Augen $1^1/_2$ mal so groß ist als der zwischen den Nasenlöchern. Bei den Larven der Kreuzkröte wieder ist der Schnauzenteil kürzer und breiter als bei den beiden anderen Arten dieser Gattung, die Mundöffnung bedeutend schmäler als der Raum zwischen den Augen.

Auch in der Größe unterscheiden sich die Kaulquappen unserer verschiedenen heimischen Froschlurche, wenn auch in dieser Richtung die Angaben verschiedener Beobachter sehr auseinandergehen und natürlich auch das verschiedene Vorkommen, die Existenzverhältnisse mitsprechen. Ihre größte Länge erreichen die Larven in der Regel in der Zeit, da sich die Hinterbeine entwickeln und die eigentliche Umwandlung beginnt. Am größten werden die Kaulquappen der Knoblauchkröte, die 80—145 mm lang werden können; ihnen kommen die bis 100 mm lang werdenden Larven des Seefrosches, die 60—70 mm langen Kaulquappen des Feßlers und die des typischen Wasserfrosches, 50—65 mm lang werdend, am nächsten. Dann folgen die Larven des Springfrosches, 41—56 mm, des Laubfrosches, 28—50 mm, des Taufrosches, bis 48 mm, des Moorfrosches, bis 42 mm, der Unken, 36—40 mm, der Wechselkröte, 28—40 mm lang. Die kleinsten Kaulquappen sind die der Kreuzkröte, 25 bis 30 mm lang, und die der Erdkröte, 18—33 mm lang. Nicht viel anders ist das gegenseitige Größenverhältnis bei den genannten Lurchen, wenn sie mit ihrer Verwandlung fertig sind und das Wasser verlassen. Es sind dann die jungen Knoblauchkröten 22—30 mm, die Wasserfrösche 18—24 mm, die Feßlerkröten 25—26 mm, die Taufrösche 11—18 mm, die Springfrösche 15—20 mm, die Laubfrösche 13—18 mm, die Unken bis 18 mm, die Moorfrösche 12—15 mm, die Wechselkröten 10—20 mm, die Kreuzkröten 10—12 mm lang; die jungen Erdkröten sind wieder die kleinsten, 6—12 mm lang. Es sind also auffallenderweise die späterhin kleinsten Froschlurche im Larvenzustande und als gerade fertig gewordene junge Landtiere viel größer als die dann später so bedeutend größer werdenden Erdkröten.

Auch die Färbung und Zeichnung der Kaulquappen gibt Anhaltspunkte zur Bestimmung der Arten. Ohne des genaueren auf die einzelnen Übergänge und Varianten während des Wachstums einzugehen, sind die Larven des Wasserfrosches im allgemeinen auf der Oberseite braungrün, auf der Unterseite weiß, auf dem Ruderschwanz gräulich, schwärzlich und gelblich marmoriert, die Kaulquappen des Moor-

frosches oben braun, auf der Unterseite und dem Schwanzsaum grau, goldig gefleckt, die Larven des Springfrosches
auf der Oberseite lichtbraun, auf der Unterseite weißlich,
mit metallisch glänzenden Flecken gezeichnet, die Taufrosch-
larven oben dunkelbraun, auf der Unterseite dunkelgrau, der
Schwanzsaum grau, mit goldigen oder metallisch schimmernden Flecken gezeichnet, die Kaulquappen des Laubfrosches
auf der Oberseite gelbbraun, nach und nach mehr braungrün,
mit starkem Goldglanz auf dem Bauche, die Larven der
Erdkröte oben tiefschwarzbraun oder schwarz, unten dunkelgrau, ebenso der Saum des Schwanzes, die Larven der Wechselkröte oben grau, auch grünlich gefleckt, unten weißlich,
die Larven der Kreuzkröte oben schwarz oder schwarzbraun,
an der Kehle weißlich, mit kleinen metallischen Flecken,
später immer heller werdend, die Kaulquappen der Knoblauchkröte oben dunkler, unten heller braungrün, goldig
schimmernd, die Larven der Gelbbauchunke oben grau, unten
weißlich, die der Rotbauchunke ebenso, nach Durchbruch
der Gliedmaßen auf dem Rücken schwarze, zwischen den
Schultern gelbliche oder rötliche Flecken zeigend, und die
Kaulquappen der Feßlerkröte auf der Oberseite schwärzlichgrau oder braungrau mit vielen metallisch glänzenden gelblichen Fleckchen, unten stahlblau, ebenso gefleckt wie auf
der Oberseite.

Wie schon angedeutet, verläuft die Verwandlung der
Froschlurchlarven verschieden rasch. Zuerst ist die Erdkröte
mit ihrer Metamorphose fertig. In der zweiten Hälfte des
Mai gehen die ersten fertigen Erdkröten ans Land und das
dauert bis in die zweite Hälfte des Juni hin. Im Juni wird
der Taufrosch fertig, in der zweiten Hälfte des Juni und im
Juli der Springfrosch. In der ersten und zweiten Hälfte des
Juli bis zur Mitte des August sind die Wechselkröten, die
Unken und Laubfrösche fertig. Den Beschluß machen die
Wasserfrösche und Knoblauchkröten, die von der zweiten
Hälfte des Juli an bis in den September hin ihre Verwandlung

abschließen. Natürlich hängen diese Termine von dem früheren oder späteren Eintreten in die Paarungszeit, günstiger Witterung, lokalen Verhältnissen ab und tritt da bei derselben Art je nach verschiedenem Vorkommen mancherlei Abweichung zutage.

Viel länger dauert die Entwicklung der Larven bei den Schwanzlurchen. Frühestens ganz zu Ende des Sommers, meist aber erst im September und Oktober, sind die Larven unserer vier Tritonen mit ihrer Metamorphose fertig, auch der Kammmolch und der Alpentriton, die doch schon anfangs April zur Paarung schreiten, nicht früher. Und auch beim Feuersalamander brauchen die Jungen, obwohl sie schon vierfüßig zur Welt kommen, drei bis fünf Monate zu ihrer vollständigen Verwandlung in die Landtiere.

Die Larven des Kammmolches sind, wenn die vorderen Gliedmaßen erschienen sind, oben auf gelblichem Grunde mit vier mehr oder weniger deutlichen dunklen Längsstreifen gezeichnet; später, wenn sie auch die Hinterfüße erhalten haben, sind sie etwa 70 mm lang, gelbgrün, mit dunklen Rundflecken gezeichnet. Die Finger und Zehen sind sehr lang, dünn, spitz; der Ruderschwanz geht in eine lange, dünne Spitze aus; der Rückensaum ist ganzrandig, der Ruderschwanz breit. Die Larven des Alpentritons haben einen kürzeren Schwanz, der in eine kurze, >förmige Spitze ausläuft, haben kürzere Finger und werden etwa 40 mm lang. Auch bei den Larven des gemeinen Teichmolches sind die Finger kürzer als beim Kammmolch, der Schwanz läuft aber ebenfalls spitzig aus und ist viel länger als bei den Larven des Alpentritons. Wie die Larven dieses gemeinen Tritons sind die des Leistenmolches etwa 35 mm lang und auch die Färbung ist bei diesen beiden Arten ziemlich ähnlich; die Larven des gemeinen Teichmolches sind anfangs auf weißlichem Grunde reichlich braun gepunktet, unten weiß oder gelblichweiß, später gelbbraun mit dunkleren Flecken gezeichnet, unten auf stärker gelblichem Grunde mit stellenweisen Dunkelflecken; die Larven des Leistenmolches sind in der ersten Zeit oben gelbbraun mit vielen dunkelbraunen Pünktchen, unten weißlich, ohne Flecken, später oben grünbraun mit dunkleren Strichen gezeichnet, unten gelblich.

Dauert es so unter normalen Verhältnissen bei den Froschlurchen an drei Monate, bei den Schwanzlurchen an drei bis fünf Monate, bis aus den wasserbewohnenden, kiemenatmenden, nur mit einem Ruderschwanz als Bewegungsorgan bedachten Larven die lungenatmenden, vierbeinigen, auch für das Landleben eingerichteten fertigen Tiere geworden sind, so kann sich der Abschluß der Verwandlung unter Umständen noch länger hinausschieben. Ungünstige Witterung, Nahrungsnot, Mangel an Wärme und Licht können den Fortgang der Metamorphose hemmen, frühzeitig eintretende Winterwitterung die mit ihrer Verwandlung noch nicht fertigen Larven zur Überwinterung im Wasser nötigen. Bei den Larven des Feßlers ist das ja fast immer der Fall. Es kann aber auch geschehen, daß der Laich in Tümpeln, in Zisternen abgegeben werden mußte, deren steile Ufer den Larven das Anslandgehen ganz unmöglich machen und sie so gewaltsam im Larvenzustande zurückhalten.

Man hat so in entsprechend hergerichteten Aquarien Kaulquappen und Molchlarven jahrelang im Larvenzustande erhalten. Ich habe eine Larve der Knoblauchkröte über drei Jahre, eine Erdkrötenlarve nahe an drei Jahre als zweibeinige Kaulquappen erhalten. Bei den Kaulquappen der Knoblauchkröte, deren Verwandlungsabschluß, obwohl diese Art schon im April zur Paarung schreitet, besonders lange sich hinausschiebt und bis zum September sich hinzieht, kommt es auch im Freien sehr häufig vor, daß die Quappen als zweibeinige Larven überwintern und ihre Metamorphose erst im nächsten Jahre beenden. Sehr häufig sind solche Verzögerungen und Hemmungen der Entwicklung bei den Tritonen. Vor mehr als 70 Jahren wußte schon v. Schreibers über Tritonlarven, die vollständig ausgewachsen und deren Geschlechtswerkzeuge ganz entwickelt waren, äußerlich aber mit ihren stark entwickelten Kiemen noch die Larvenform zeigten, zu berichten. v. Siebold und Marie v. Chauvin versuchten auf dem Wege solcher Hemmung der Verwandlung „axolotlähnliche Wesen", d. h. Molchlarven zu ziehen, welche analog den Axolotls, bekanntlich Larven der mexikanischen Amblystomaart, zeitlebens als wasserlebende, kiemenatmende Larvenform bestehen und als solche sich auch fortpflanzen sollten, Versuche, die nicht gelungen sind, auch nicht die neuesten in dieser Richtung von Kammerer an Alpen- und Feuersalamandern angestellten, sehr sorgfältigen Versuche. Schon Frl. v. Chauvin hat ja gezweifelt, daß ein solches Festhalten der Larvenform, eine Umwandlung der Salamander, die seit Jahrtausenden Landtiere sind, in wasserbewohnende Tiere gelingen werde. Eher könnte es ja beim Feuersalamander gelingen, der weit mehr auf das Wasser angewiesen ist als sein Vetter im Hochgebirge; man müßte, meint Kammerer, trachten, aus solchen Tieren, die sehr lange im Larvenzustande geblieben sind, eine oder mehrere zeugungsfähige Generationen zu ziehen und die Larven immer wieder unter Verhältnissen halten, in welchen solches Festhalten am Larvenzustand am besten zu erzielen ist.

Man hat solches Verharren im Larvenzustande als Neotenie bezeichnet, begegnet da aber vielfachen irrtümlichen Auffassungen. Kaulquappen z. B., die, in für sie uferlosen Wasserbehältern zurückgehalten, in der weiteren Metamorphose innehalten, monatelang als bloß mit den Hinterbeinen ausgerüstet verbleibende Larven, durch Verstümmlungen in ihrer Entwicklung aufgehaltene Larven, infolge unzureichender Nahrung unvollkommen entwickelte sogen. Hungerformen sind nicht als neotenische Larven anzusehen. Wirkliche Neotenie hat zur Voraussetzung, daß das Wachstum der Larven nicht behindert ist, die Tiere in normaler Weise weiter gedeihen und nur die Umwandlung in das lungenatmende, auch für das Landleben taugliche Tier unterbleibt. Neotenie, wie sie der Auffassung Kollmanns entspricht, ist nur dann eine vollständige, wenn die Larve einerseits ihre Larvenform dauernd festhält, andererseits aber doch geschlechtsreif wird. Wo die in ihrem Wachstum nicht zurückgebliebene Larve mit dem Übergang in die lungenatmende Landform nur so lange zögert, als die Behinderung besteht, hat man es mit teilweiser Neotenie zu tun. Camerano, der vor etwa 20 Jahren eingehende diesbezügliche Versuche an Tritonen, Wasserfröschen, Wechselkröten angestellt hat, hat gefunden, daß, solange die Kiemenspalten offen bleiben, der Kopf seine Larvenform behält, obschon das Innere des Leibes schon ganz die Beschaffenheit der kiemenlosen Individuen zeigt, und Kollmann hat nachgewiesen, daß die Geschlechtsdrüsen schon reifen, die männlichen Individuen schon Samen abgeben, die Eier der weiblichen Individuen befruchtet werden können und die Larvenform doch noch festgehalten wird, daß es eben das Eintreten der vollen Lungentätigkeit ist, mit welchem die durchgreifenden Änderungen in der Organisation beginnen.

Sehr häufig im Freien ist solche Neotenie beim Alpentriton zu finden. So hat Filippi schon vor mehr als 40 Jahren in einem Sumpfe des Formazzatales bei einer einzigen Nachsuche unter 50 gefangenen Exemplaren 48 neotenische Larven gefunden. In Seen am Südabhange der Alpen kommen die neotenischen Larven des Alpentritons ebenso häufig vor, wie die ganz metamorphisierten Tiere. Und auch in deutscher Gegend hat man wiederholt neotenische Tritonlarven aufgefunden. So beschreibt Wolterstorff in den „Blättern für Aquarienfreunde" eine nach der Überwinterung 6,5 cm lange, männliche Larve des gemeinen Teichmolchs, die bei Magdeburg gefangen worden war. Außer den neotenischen Larven auf nebenstehendem Bilde findet der Leser die Darstellung einer neotenischen Larve des kleinen Teichmolches auf dem Tritonen-Vollbilde.

Interessant sind die Wahrnehmungen, die Kammerer be-

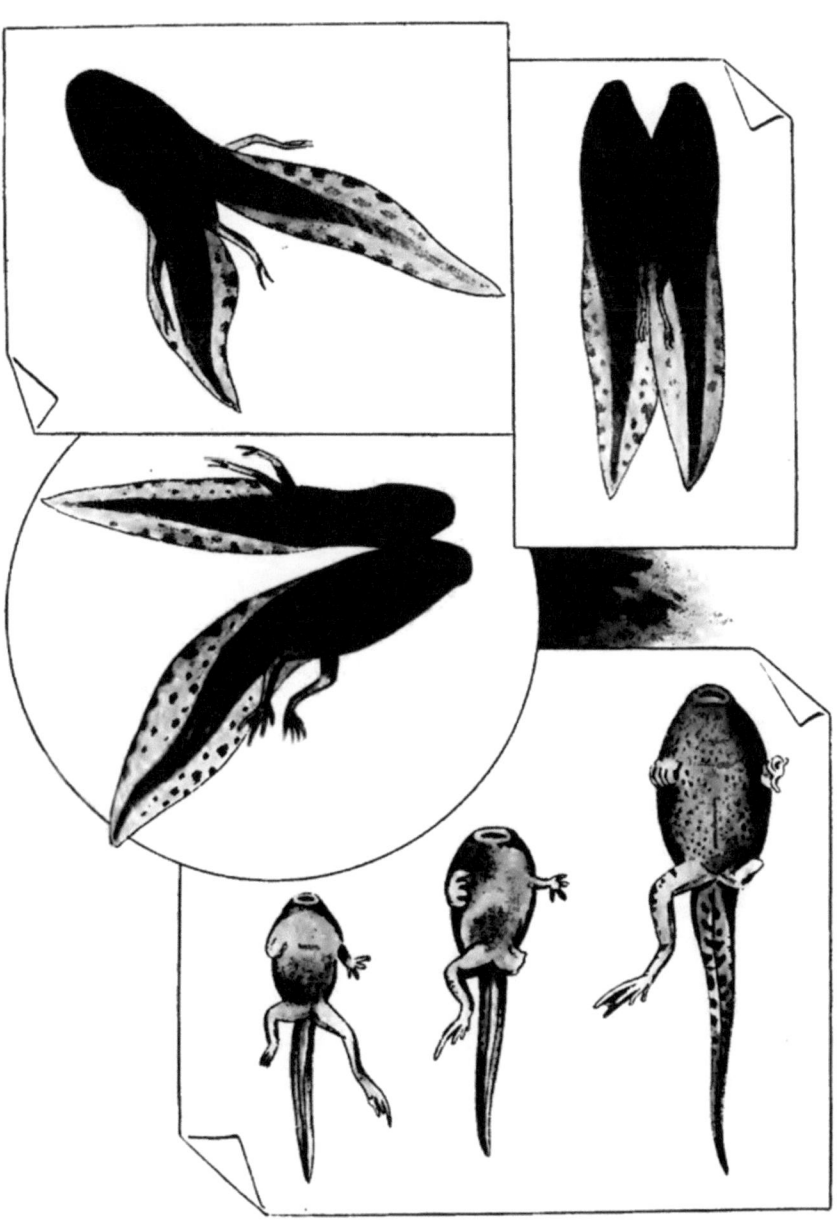

Von oben nach unten und links nach rechts: die drei ersten Bilder verwachsene Kaulquappen nach Born, dann zwei amputierte Larven der Wechselkröte und amputierte Larve des Seefrosches nach Kammerer.

züglich Neotenie beim Alpensalamander und Feuersalamander gemacht hat. Da sich sämtliche der von ihm
beobachteten Larven schließlich doch in lungenatmende
Landsalamander umwandelten, lagen da, wie schon erwähnt,
nur Fälle partieller Neotenie vor. Bei den Versuchen über
die Anpassung dem Mutterleibe von Alpensalamandern entnommener Embryonen an das Wasserleben traten neun

Abb. 32. Neotenische Larven. Von links nach rechts: Neotenische Larve
des Feuersalamanders, neotenische Larve des Alpensalamanders und am
linken Hinterbeine amputierte neotenische Larve der Knoblauchkröte. Nach
Kammerer.

neotenische Larven auf, die Größen von 50, 52, 55, 56, 59
und in einem Falle sogar 67 mm erreichten, während man
das Längenmaß für eine knapp vor der Metamorphose
stehende Alpensalamanderlarve mit 49—50, höchstens 51 mm
annehmen kann. Die 67 mm lang gewordene Larve, nicht
durch Operation, sondern durch natürliche Frühgeburt ins
Leben getreten, verbrachte (vom 24. Oktober 1899 bis 5. November 1900) fast ein Jahr als Larve im Wasser. Vom Feuersalamander sind neotenische Larven schon seit längerem
bekannt; v. Bedriaga, Diederichsen, Schlesinger, Spengel,

Wolterstorff u. a. haben über partielle Neotenie beim Feuersalamander im Freien und in der Gefangenschaft berichtet. Kammerer berichtet über den Entwicklungsgang einer neotenischen Feuersalamanderlarve, die es zu einer Länge von 89 mm brachte. Am 30. September dem Uterus eines Weibchens entnommen, kam das Ei mit dem etwa 7 mm langen Embryo in den Bruttrog, am 16. November verließ der Embryone, 16,5 mm lang, die Eihülle und hatte zehn Tage später die Hinterbeine, am 4. Januar war die Larve 25 mm lang, Ende des Monats 31 mm lang. „Das Wachstum in den folgenden Monaten war ein wunderbar regelmäßiges, nur wurde es während je 30 Tagen in arithmetischer Reihe um je einen Millimeter geringer; so war die Larve im Dezember 1898 nur mehr um den halben Millimeter gewachsen und besaß nun eine Länge von 84 mm. Bis zum Tage ihrer Metamorphose, dem 20. Dezember 1899, war sie noch um weitere 5 mm größer geworden." Diese Larve hatte also, vom Verlassen der Eihülle an gerechnet, zwei Jahre und 34 Tage im Wasser verbracht und schon im Laufe des Juli mehr und mehr das Aussehen eines vollkommenen Feuersalamanders erhalten, die wulstigen Ohrdrüsen, alle anderen Drüsen des äußeren Integumentes waren deutlich zu sehen, die gelbe Fleckenzeichnung hob sich ebenfalls schon wie beim fertigen Landmolche deutlich abgegrenzt von dem Tiefschwarz ab, nur der Flossensaum des Schwanzes und die Kiemen — diese aber auf ganz kleine, warzenförmige Gebilde am Rande des dicken, fleischigen Kiemenkörpers reduziert — zeigten noch den Larvenzustand an.

Kammerer hielt seine Larven in geräumigen, im Verhältnisse zur Breite und Länge hohen Glaswannen mit ganz gleichmäßig abgeschliffenem Oberrande, an den sich der aufgelegte Glasdeckel vollkommen dicht anschloß. Der Glasdeckel hatte zwei Öffnungen, gerade groß genug, um auf der einen Seite ein Zuflußrohr mit Injektionsdurchlüfter, auf der anderen den selbsttätigen Ablaufheber durchgehen zu lassen. Der

Boden der Wannen war mit reinem Sand und mit einigen
größeren Steinen bedeckt. Indem die Wannen bis zum Rand
mit Wasser gefüllt wurden, blieb beim Auflegen des Deckels
kein erwähnenswerter Luftraum übrig. Die beständige Durch-
lüftung mit dem Injektionsdurchlüfter, der Zufluß und Durch-
lüftung verbindet, sorgte für den nötigen Luftreichtum, die
Reinheit und richtige Temperatur des Wassers in den
Wannen. Die Larven wurden reichlich mit dem bekannten
Röhrenwurm (Tubifex) gefüttert.

Neben diesen und anderen Versuchen, die Entwicklung
der Lurchlarven zu hemmen, in andere Bahnen zu leiten,
wobei sich u. a. durch die von Alfred Schläger vorgenom-
menen Experimente ergab, daß Froschlarven in bestimmten
Stadien ihrer Entwicklung sich auch dann noch, wenn sie
des Gehirnes und sogar des ganzen Zentralnervensystems,
also auch des Rückenmarks, beraubt wurden, wenigstens
einige Zeit lang normal weiter entwickelten, hat man an Lurchen verschiedene Transplantations- und Regenerationsversuche angestellt. Besonderes Erstaunen erregten die Ver-
wachsungsversuche, wie sie G. Born vor acht Jahren an
verschiedenen Froschlurchen vorgenommen hat, bei welchen
sich die Larven des Wasserfrosches und der Unken als sehr
geeignet, die des Taufrosches und der echten Kröten als
ungeeignet erwiesen. Unsere Abbildungen zeigen zwei mit
der Bauchseite verwachsene Larven, bei welchen die Verwachsung schon 6—8 Stunden nach der Operation erfolgte,
weiter zwei Doppeltiere, bei deren einem die Verwachsung
derart erfolgte, daß beiden Tieren ein Darmstück gemeinsam
wurde und für beide auch die Ernährung eine gemeinsame
war, während bei dem anderen dargestellten Doppeltiere die
Verwachsung nach Abtragung eines Teiles des Oberkopfes
erfolgte, in diesem Falle aber die eine Larve im Wachstum
zurückblieb; das erstere Doppeltier blieb 15 Wochen, das
andere 15 Tage am Leben. Früher schon hat O. Schultze,
seither Wetzel und W. Tonkoff Doppelbildungen erhalten,

indem Eier zwischen zwei Glasplatten zusammengepreßt wurden; so erhielt Schultze Doppelfrösche, wenn er die Eier im Zweizellenstadium unter der Glasplatte zusammenpreßte, Tonkoff Doppeltritonen auch dann noch, wenn die Eier im Vierzellenstadium sich befanden. Bezüglich des schon lange bekannten Erneuerungsvermögens einzelner Körperteile bei Lurchen und Kriechtieren, war man früher mit E. Bordage, Weismann u. a. der Ansicht, daß die Regenerationsfähigkeit eines Organes von seiner Wichtigkeit für das Individuum bedingt sei. Weitere Versuche aber haben dargetan, daß die Potenz der Wiedererneuerung durch die allgemeine Entwicklungshöhe beeinflußt sei. Jüngste Versuche, die P. Kammerer in der biologischen Versuchsanstalt in Wien angestellt hat, haben aber ergeben, daß da auch noch andere Momente mitsprechen, daß die Regenerationsfähigkeit der Lurchlarven einmal abhängig ist vom Stadium ihrer Entwicklung, dann von ihrem Alter, aber unabhängig von der Größe der Art; die hinteren Gliedmaßen der Froschlurchlarven erneuern sich so lange wieder, als Ober- und Unterschenkel noch einen stumpfen Winkel einschließen (nur bei den Scheibenzünglern und den Froschkröten findet eine Regeneration der Hintergliedmaßen auch dann noch statt, wenn die Schenkel bereits einen rechten oder spitzen Winkel einschließen, und erlischt das Erneuerungsvermögen erst bei Eintritt der Metamorphose); die Schwanzspitze wird bei den Froschlurchlarven in der Regel nur so lange wieder erneuert, als die vorderen Gliedmaßen noch nicht erschienen sind; alle Larven der Schwanzlurche ersetzen die regenerationsfähigen Leibesteile im Larvenzustande rascher als im ausgebildeten Formzustande; neotenische, zwei oder mehr Sommer im selben Stadium sich befindende Froschlurchlarven, in welchen einsommerige Froschlurchlarven die Hintergliedmaßen vollständig zu erneuern imstande sind, sind nicht imstande, die hinteren Gliedmaßen zu regenerieren, vermögen aber, den Ruderschwanz ebensogut, wie normale Larven zu erneuern; neote-

nische Larven von Schwanzlurchen, die sich noch in demselben Stadium wie sehr rasch regenerierende normale Larven
befinden, stehen in bezug auf ihre langsame Regenerationsfähigkeit gleichalterigen verwandelten Individuen gleich. Es
hat sich aus Kammerers Untersuchungen unter anderem auch
ergeben, daß das Erneuerungsvermögen in bezug auf seine
Geschwindigkeit vom jeweiligen Aufenthalt ein und desselben
Exemplares abhängt, im Wasser ein rascheres als auf trockenem Lande ist, daß Verletzungen irgend welcher Art bei
den Froschlurchen beschleunigend, bei den Schwanzlurchen
verzögernd auf die Metamorphose einwirken, und daß eine
nur auf einer Körperseite erfolgte Amputation oder Verletzung ungleich rasche Entwicklung der beiden Körper-
seiten zur Folge hat. Das Vollbild zeigt mehrere solche
Regenerationsversuche, wie sie Kammerer in der biologischen Versuchsanstalt in Wien vorgenommen hat. Die erste
Larve unten links, eine am 13. August am linken Hinterbeine
amputierte Kaulquappe einer Wechselkröte, zeigte schon am
15. August das linke Vorderbein durchtretend, während das
ebenfalls schon sichtbare rechte Vorderbein noch unter der
die Kiemenhöhle bedeckenden Haut sitzt; auch bei der nächst
abgebildeten Kaulquappe einer Wechselkröte, ebenfalls am
13. August am linken Hinterbein amputiert, erschien am
15. August, da die definitive Wundheilung am linken Hinterbeine noch unvollendet war, das linke Vorderbein zuerst und
war das rechte Vorderbein am 17. August zwar schon erschienen, aber noch dem Rumpf anliegend und nicht in
Funktion; die dritte Larve ist eine am 13. August am linken
Hinterbein amputierte Kaulquappe des Seefrosches und zeigte
am 12. August das linke Vorderbein zuerst erscheinend, während zu dieser Zeit das schon sichtbare rechte Vorderbein
noch unter der die Kiemenhöhle überwölbenden Haut sich
befand; die auf dem Bilde S. 121 abgebildete Larve ist eine
am 23. Juni am rechten Hinterbein amputierte neotenische
Larve der Knoblauchkröte, bei der vor Herstellung des

Wundverschlusses am rechten Hinterbein zuerst das rechte Vorderbein, am 26. Juni, erschien und die Stelle, wo das linke Vorderbein durchbrechen soll, kenntlich ist.

Sehen wir uns nun nach diesen Ergehungen über die mancherlei Entwicklungshemmungen bei Lurchlarven nach den elterlichen Individuen, die das Laichen hinter sich haben, um. Der Wasserfrosch bleibt dem nassen Element auch nach der Laichzeit treu und treibt sich an den Ufern oder im Wasser herum, seinen Standplatz höchstens wechselnd, wenn ihn das Austrocknen seines Gewässers dazu zwingt. Er gibt auch nicht, wie die meisten anderen Lurche, die nach der Paarung verstummen, seine Konzerte auf, sondern läßt sich bis in den Sommer hin im Vereine mit seinen Kameraden fleißig hören. Auch die Moorfrösche halten sich das ganze Jahr in der Nähe der Gewässer und scheint es, daß es besonders die Männchen sind, welche auch nach dem Laichen zeitweise das Wasser aufsuchen. Weiter ab von den stehenden Gewässern treibt sich den Sommer über der Springfrosch herum; noch mehr zeigt sich der Taufrosch in der Wahl seiner Sommeraufenthalte, oft sehr weit ab von allem Gewässer, als echter Landfrosch. Der Laubfrosch, wenn auch in der Umgebung stehenden oder fließenden Wassers bleibend, hält sich doch nach der Laichzeit außerhalb des Wassers im Gelaube der Bäume, Sträucher, Büsche oder im Grase, im Röhricht auf und sucht nur bei sehr stürmischem Wetter zeitweilig das Wasser auf. Die drei echten Kröten unserer Fauna leben ebenfalls den Sommer über bis zum nächsten Frühjahre außer Wasser, wenn sie auch feuchtere Schlupfwinkel aufsuchen. Selbst die Unken, die fast mehr noch als die Wasserfrösche auf die kleinen und größeren stehenden Gewässer angewiesen sind, treffen wir zuweilen weitab von Lachen und Tümpeln. Ausgesprochene Landtiere, die nach dem Laichen dem Wasseraufenthalte fern bleiben, sind die Knoblauchkröte, die tagsüber in den Boden sich

eingräbt und nicht sehen läßt, und der Feßler, der ja, wie
wir gesehen haben, auch zur Laichzeit das Wasser nur auf
kurze Zeit aufsucht und sich auf dem Lande paart.

Die beiden Landmolche beziehen zwar ihre Verstecke
in der Nähe der Bäche, aber nur der Feuersalamander, von
dem wir gehört haben, daß er unter Umständen zweimal im
Jahre Junge absetzt, wird sich auch während des Sommers
am Wasser einstellen. Und nicht einmal bei den Wassermolchen sind wir im Sommer sicher, sie in den Teichen und
Tümpeln zu finden, denn viele der Tritonen unserer Gewässer verlassen im Sommer, nachdem Rücken- und Schwanzsaum beträchtlich zusammengeschrumpft sind, das Wasser
und leben nach Art der Landmolche den Tag über unter
Steinen, Moos; Alpentritons findet man so im Gebirge oft
weitab vom Wasser. Es sehen solche auf dem Lande lebende
Wassermolche fast ganz wie Landmolche aus. Wirft man
einen dieser aus dem Wasser geflüchteten Tritonen ins
Wasser, so sieht man, daß er nicht naß wird, weil eine den
Körper einhüllende Luftscheide die Benetzung verhindert.
Nach Untersuchungen von Vaillant ist die Haut mit volumi-
nösen Drüsen, die einen wachsartigen Inhalt haben, durch-
setzt; im Frühling sind diese Drüsen viel kleiner und spär-
licher vertreten.

Ihrem erwählten Aufenthalte bleiben besonders die auf
das Wasser angewiesenen Individuen, wenn es die Umstände
gestatten, treu. Es sind wohl immer dieselben Exemplare
von Wasserfröschen und Unken und deren Nachkommen-
schaft, die wir an größeren stehenden Gewässern treffen.
Bei der Erdkröte kann man leicht beobachten, mit welcher
Vorliebe sie ein ihr zusagendes Versteck nach ihrer nächt-
lichen Jagd immer wieder bezieht. Freilich, wenn in heißen
Sommern viele unserer Tümpel und auch größere Lachen
zur Austrocknung kommen, müssen sich die Wasserfrösche
und Unken zur Auswanderung nach einem anderen Gewässer

bequemen. Es kommt aber auch, wenn anderer Wasserauf-
enthalt versagt ist, dazu, daß sich solche an das Wasser ge-
bundene Lurche, wie sie es ja auch vor Winterbeginn tun
müssen, in den Schlamm zurückziehen und je nach längerer
oder kürzerer Andauer regenloser Sommerhitze einen längeren
oder kürzeren „Sommerschlaf" absolvieren. Nur so ist es
dann zu erklären, daß man in einem nach starkem Regen
plötzlich entstandenen Tümpel an einer Stelle, die man noch
kurz vorher trocken gefunden und auch im Auge behalten
hat, Tritonen und Unken vorfindet, deren Zuzug von anders-
woher uns nicht entgehen hätte können, die eben aus ihrem
Schlafe unter der Schlammkruste durch das ersehnte Naß
geweckt worden sind.

Die Sommerszeit ist auch die Zeit der Eierabgabe
seitens unserer heimischen Kriechtiere. Jetzt sieht man
die trächtigen Eidechsenweibchen für die Eierablage günstige
Plätze, die einerseits von der Sonne gut beschienen, andererseits doch einigermaßen feucht sind, unter Mooslagen, Steinen
aussuchen und in den lockeren Erdboden oder den Sand
kleine Gruben graben. In solche Gruben legt die Zauneidechse Ende Juni oder anfangs Juli 5—14, die grüne Eidechse Ende Mai bis Juli 5—13, die Mauereidechse im Juni
oder Juli 3—8 Eier ab, worauf die Grube wieder zugescharrt
wird. Einige Stunden braucht die Sumpfschildkröte zur Herstellung ihrer Nestgrube, die sie sich an einem passenden
Uferplatze mit Hilfe der Schwanzspitze und der Hinterbeine,
etwa 5 cm weit, herstellt und mit 9—30 taubeneigroßen Eiern
belegt, worauf die Grube wieder mit Erde zugedeckt wird.
Im Juli, aber auch noch anfangs September findet man unter
Laub und Moos, im Mulm, besonders häufig aber in Mist-,
Loh-, Sägemehlhaufen, also an Plätzen, die den Eiern einen
feuchtwarmen Aufenthalt bieten, die in einem Klumpen zu-
sammenhaftenden, bis über 30 mm langen, an 15 mm breiten
Eier der Ringelnatter und die in kleinerer Zahl abgelegten,
ähnlichen Eier der Würfelnatter. Auch die Äskulapnatter

legt um die gleiche Zeit ihre bis 20, walzig gestreckten, bis
40 mm langen Eier in Mulm, Komposthaufen oder unter
Moos ab.

Aus den Eiern schlüpfen etwa zwei Monate nach ihrer
Ablegung, im August bis September, die jungen Eidechsen
und Schlangen aus. Die kleinen Eidechsen führen sofort das
Leben der Alten und machen auf kleinere Insekten und
Würmer Jagd. Sie sind, wie auch die ausschlüpfenden
Schlangen, allerliebste, sehr zierliche Tiere.

Abb. 33. Entwicklung der Ringelnatter aus dem Eie. Nach einer Original-
aufnahme in der „Nerthus".

Die anderen heimischen Kriechtiere bringen lebende
Junge zur Welt. Unter den Eidechsen ist es die Bergeidechse,
welche zuweilen schon im Juni, meist aber Mitte Juli bis
Mitte August 5—10 lebende Junge zur Welt bringt. Eine
andere lebendgebärende Echse ist die Blindschleiche, welche
frühestens Ende Juli, spätestens Mitte September, 6—24 Junge
zur Welt bringt. Von den Nattern unserer Fauna ist die
Schlingnatter in der Regel lebendgebärend; sie wirft im September oder Oktober, zuweilen aber schon im August oder
erst im November 2—15, etwa 15 cm lange, sehr hübsche
Junge. Durchweg lebendgebärend, wie schon der Name besagt, sind alle unsere Vipern. Die 5—24 in einem Wurfe zur
Welt kommenden Jungen gebärden sich sofort als recht

zornig um sich beißende echte Giftschlangen. Die Kreuzotter bringt ihre Jungen gewöhnlich im August oder September zur Welt.

Betrachten wir diese junge Lurch- und Kriechtierwelt,
wie sie im Verlaufe des Sommers entweder erst nach durch-
gemachter Metamorphose oder gleich nach dem Verlassen
der Eihülle oder der erfolgten Geburt das Leben ihrer Eltern
beginnen, etwas näher. So häßlich die ausgewachsenen
Lurche, zumal die Kröten, manchem erscheinen mögen, diese
putzigen Knirpse, als welche die mit ihrer Verwandlung fertigen Fröschchen und Krötchen das Wasser verlassen, sind
gewiß nichts weniger als häßliche Tiere. In Haltung, Bewegung, in ihrem Äußeren, ihrer Jagd auf kleine Insekten
und Würmchen Gestalt und Gehaben der erwachsenen Froschlurche wiederspiegelnd, müssen diese Miniaturgestalten, wie
sie da in lichten Scharen das Wasserleben mit dem Landleben
vertauschen und über die Landumgebung der stehenden Gewässer sich zerstreuen, unser Gefallen finden. Wer einmal
diese neckischen Kleinen liebgewonnen hat, sieht auch in
den später so viel ungeschlachter und runzliger aussehenden
Frosch- und Krötenalten die Häßlichkeit in milderem Lichte,
gedenkt ihrer gefälligeren Jugendformen. Die ganz jungen
Wasserfrösche, die, ehe sie ihren ersten Winterschlaf an-
treten, noch etwa um 10 mm länger werden, zeigen die
schwarze Fleckenzeichnung noch nicht so lebhaft sich abhebend wie die erwachsenen Frösche. Die jungen Moor-
fröschchen zeigen schon den hellen Streifen längs des
Rückens. Auch die Jungen des Springfrosches und Moorfrosches erinnern schon lebhaft in Färbung und Zeichnung
an die Alten, nur daß diese Springfröschchen etwas dunkler
im Farbentone sind und bei den Taufröschchen die schwarze
Fleckenzeichnung nicht so auffällig ist. Die winzigen Erdkrötchen sind anfänglich oben mehr graubraun oder dunkelgrau, unten hellerfarbig. Bei den jungen Wechselkröten ist
die Grundfärbung heller und auch das Grün der Flecken

heller, bei den Kreuzkrötchen die Grundfärbung mehr grau, die Unterseite reichlich grau gepunktet, der Rückenstreifen in leichtem Gelb schon sichtbar, desgleichen die rötlichbraunen Warzen schon zu sehen. Die Laubfroschjungen erscheinen schon in dem hübschen Laubgrün der Alten, haben aber den goldigen Anflug noch nicht verloren. Die jungen Bergunken zeigen gleich nach ihrer Verwandlung noch nicht die charakteristische Färbung der Unterseite, sondern sind auf Bauch, Brust und Kehle noch weißlich. Bei den jungen Knoblauchkröten ist die Färbung und Zeichnung wie bei den erwachsenen, nur treten die Flecken noch schärfer hervor; desgleichen zeigen die verwandelten Feßlerkröten schon ganz die Färbung der alten Tiere. Die jungen Blindschleichen sind auf der Oberseite silberiggrau oder hellgelb, ausnahmsweise rötlich, an den Leibesseiten und unten dunkelschwarz. Junge Zauneidechsen sind oben hellgraubraun oder hellgrau, unten einfarbig gelblich- oder grünlichweiß, jederseits erscheint der dunklere Mittelrücken von den dunklen Seiten durch ein helleres Längsband geschieden; auf dem dunklen Rückenbande heben sich drei Reihen und auf jeder Leibesseite ebenfalls drei Reihen dunkler Augenflecken ab. Die jungen Tierchen unserer grünen Eidechse sind oben braun, die Männchen mit vier oder zwei weißlichen Längsbinden mehr oder weniger deutlich gezeichnet. Die jungen Bergeidechsen sind oben schwarz, unten schwärzlich- oder bleigrau, auf den Leibesseiten mit in zwei Reihen stehenden, hellgelblichen Punkten gezeichnet. Junge Mauereidechsen sind auf der Oberseite ungefleckt grau, braun oder grünbraun, unten weißlich oder hellgrau; die Leibesseiten entlang zieht eine, oben und unten weißgesäumte dunkelbraune Binde. Junge Ringelnattern sind den alten Tieren ganz ähnlich gefleckt und gefärbt, junge Würfelnattern von hellerer Grundfärbung und daher lebhafter sich abhebender Fleckenzeichnung als die erwachsenen Nattern. Junge Äskulapnattern gleichen in der Färbung den alten Tieren gar nicht und könnten von Unkundigen für Ringelnattern gehalten werden. Junge Schlingnattern sind auf dem Bauche einfarbig ziegelrot. Die jungen Kreuzottern tragen schon die charakteristische Zickzackzeichnung der Oberseite zur Schau, junge Vipern sind auf der Oberseite minder lebhaft gefärbt und gezeichnet als die erwachsenen und auf der Unterseite einfarbig bräunlich oder weißlich.

# Nachtleben unserer heimischen Lurche und Kriechtiere.

(Die eigentlichen Nachttiere unter unseren Lurchen und Kriechtieren. Die echten Kröten: Erdkröte, Wechselkröte, Kreuzkröte. Die Froschkröten: Knoblauchkröte. Der Feßler und seine Brutpflege. Die Giftsäfte der Kröten und Molche. Schmuck- und Schutzfärbung bei Lurchen und Kriechtieren. Melanismus und Albinismus. Entstehung von Varietäten in fortgesetzter Anpassung. Die Varietäten des Wasserfrosches, Moorfrosches und Taufrosches. Die alpine Erdkröte. Farbenspielarten des Feuersalamanders. Varietäten der Blindschleiche und unserer Eidechsen. Konstantere und lokale Varietäten der Ringelnatter, Äskulapnatter und Schlingnatter. Starke Variabilität der Kreuzotter.)

Eine Nachtexkursion ins Freie soll uns nun mit den letzten, noch nicht besprochenen Arten unserer heimischen Lurch- und Kriechtierfauna bekannt machen. Eigentlich sind von unseren Lurchen und Kriechtieren nur die Echsen, die Blindschleiche ausgenommen, und die Nattern ausgesprochene Tagestiere. Von den Vipern, die ja als nächtliche Tiere bekannt sind, scheint nur die Ursinische Viper, die sich ihre Nahrung vorzugsweise aus der Eidechsenwelt holt, mehr ein Tagleben zu führen. Alle anderen heimischen Lurche und Kriechtiere sind echte Nachttiere. Man kann ab und zu eine Sumpfschildkröte am Ufer sich sonnen sehen, an trüben Tagen, in schattigen Waldwinkeln eine Blindschleiche erblicken, an passender Stelle eine Viper vor ihrem Verstecke sich sonnend finden, nach einem warmen Regen Landmolche ihre Schlupfe verlassen sehen, Unken am Ufer ihrer Tümpel herumlagernd treffen, an feuchten, trüben Tagen auch tagsüber die Wiesen von jungen, insektenfangenden kleinen Froschlurchen verschiedener Art besucht sehen, die rechte Zeit ihrer vollen Rührigkeit, des Absuchens ihrer Umgebung, der eifrigen Jagd ist doch die Nacht. Und auch die Wasserfrösche, so lebhaft sie es zeitweise während des Tages an geschützter Stelle treiben, bezeugen schon durch ihre unermüdlichen Nachtkonzerte, dass auch bei ihnen das eigentliche Aufleben in die Nachtstunden fällt.

Zu diesen ausgesprochenen Nachttieren gehören nun die fünf letzten hier noch zu behandelnden Arten der für uns hier in Betracht kommenden Fauna. Es sind dies die drei Arten der echten Kröten (Bufo), eine Art der Froschkröten (Pelobates) und eine Art der Scheibenzüngler.

Wenn der Laie die glatterhäutigen, längerbeinigen, rascherbeweglichen und schlankergebauten Froschlurcharten im allgemeinen als „Frösche", die warzen- und runzelreichen, kürzerbeinigen, langsam hüpfenden und plumper gebauten Froschlurcharten als „Kröten" bezeichnet, trifft er damit, wenn er dabei an die drei Arten echter Kröten denkt, auch das richtige. Wir haben aber noch vier andere Arten, die man nicht kurzweg als Kröten bezeichnen kann. Wir haben daher einmal die echten Kröten zu unterscheiden, zu welchen die allbekannte Erdkröte, die Wechselkröte und die Kreuzkröte gehören. Diese echten Kröten sind von den Fröschen durch den plumpgedrungeneren Bau, die rauhe Haut mit vielen Warzen und Hornhöckern, die großen Ohrdrüsen am Hinterkopf, die kaum verlängerten Hinterbeine und die damit zusammenhängende geringe Sprungfähigkeit sofort von Fröschen zu unterscheiden. Sie sind noch weiters durch die längliche, hinten nicht ausgeschnittene Zunge und die völlige Zahnlosigkeit gekennzeichnet. Auch die Rot-

bauchunke und ihre Vertreterin im Gebirge, die Gelbbauchunke, dann der Feßler, welche drei Arten zu den Scheibenzünglern gehören, erscheinen in ihrem Äußeren, dem ge-
drungenen Bau, der warzigen Haut, den wenig verlängerten
Hinterbeinen als Kröten, haben aber im Oberkiefer und im
Gaumen Zähne. Dagegen ist die Knoblauchkröte, welche bei
uns die Froschkröten vertritt, in ihrem äußeren Bau, mit
der glatten Haut, den fehlenden Ohrdrüsen und den verlängerten Hinterbeinen, die sie zu raschem Hüpfen befähigen,
weit froschähnlicher; auch besitzt sie Oberkiefer- und Gaumenzähne; die rundliche Zunge ist hinten kaum ausgeschnitten.

Die bekannteste unter diesen sieben heimischen Kröten
ist wohl die Erdkröte (Bufo vulgaris L.), die weitaus größte
unter ihnen, denn sie wird bis 15 cm, im Süden bis 20 cm
lang, die Männchen wohl selten länger als 8—9 cm. Die
Färbung der Oberseite ist ein helleres oder dunkleres Gelb-,
Schwarz- oder Graubraun, während die Unterseite schmutziggelb (einfarbig oder dunkelgefleckt), seltener hellgrau ist;
auf der Oberseite sind häufig dunkle Flecken zu sehen, die
Ohrdrüsen (Parotiden) sind dunkelbraun. Ein echtes Nacht-
tier, hält sich die Erdkröte tagsüber in dunklen Verstecken
unter Brettern, Steinen, in altem Mauerwerk, im Moder der
Baumstümpfe, in Kellern, Grotten, selbstgegrabenen Höhlungen, unter Baumwurzeln, im Dunkel eines Gebüsches oder
auch nur unter einem großen, gut deckenden Blatte irgend-
eines Krautes geborgen und verläßt diese Unterschlupfe erst
mit Eintritt der Dämmerung, um auf Erd- und Regenwürmer und Nacktschnecken Jagd zu machen. In Gärten hat
sie es besonders auf die Raupen der Weißlinge und andere
Nacktraupen abgesehen. Wer sich da einmal überzeugt hat,
welche unglaubliche Mengen von Raupen und Nacktschnecken ein einziges Exemplar in einer Nacht zu vertilgen
vermag, wird begreifen, daß umsichtige Gärtner sich solchen
Sammelfleiß schon lange zunutze machen, daß englische,
belgische und auch deutsche Gärtner Erdkröten in den Ge-

müsegärten dutzendweise halten und Erdkröten auf den Märkten für diese Zwecke zum Verkaufe gebracht werden.

Mit der Erdkröte kann man die Wechselkröte oder grüne Kröte (Bufo viridis Laur.) nicht verwechseln, da diese ganz anders und viel lebhafter gefärbt ist. Von dem Hell- oder Dunkelgrau der Oberseite heben sich deutliche große Inselflecke ab, die bei den Weibchen dunkelgrün, bei den Männchen hellergrün sind. Zu diesem hübschen Fleckengrün kommt dann noch das schöne Rot der Warzenspitzen. Die Unterseite ist weiß oder grauweiß, dunkelgefleckt, seltener ungefleckt. Die Wechselkröte ist meist kaum 8 cm lang und weit lebhafter als die Erdkröte, wie man schon an ihrem raschen Dahinhüpfen erkennt. Während die Erdkröte nur bei sehr unsanftem Anfassen einen weißen scharfen Saft von sich gibt, scheidet die Wechselkröte ihren sehr scharfen, stark ätzenden Saft sofort aus, was ihr gegenüber lurchfressenden Säugetieren und Vögeln sehr zugute kommt, welche die Wechselkröten eben dieses Ätzsaftes wegen verschmähen, während Ringelnattern und Würfelnattern sich daran nicht kehren und, falls sie eben keine schmackhaftere Nahrung finden, auch mit Wechselkröten fürlieb nehmen. Im Freien kann man Wechselkröten viel weiter von allem Wasser ab begegnen und findet man sie auf Wiesen und Feldern, in Weingärten, in Gärten, aber auch in ganz trockener, wasserarmer Gegend tagsüber unter Brettern, Steinen, Blumenkübeln, Bottichen, unter Baumwurzeln, in Mauerlöchern, in den verschiedenen Schlupfen an Wasser- und Straßengräben.

Wieder anders gefärbt ist die Kreuzkröte oder Rohrkröte (Bufo calamita Laur.), etwa von der gleichen Größe wie die Wechselkröte. Sie ist auf der Oberseite braungrün oder graugrün gefärbt und mit kleinen rundlichen, dunkelgesäumten, rötlichen Flecken gezeichnet und fast immer ist eine schmale, hellgelbe Mittellinie zu sehen, die längs des Rückens verläuft; zuweilen findet sich auch noch an jeder Leibesseite ein wenig deutliches, breites, helles Längsband;

Wechselkröte (oben links), Erdkröte (rechts). Kreuzkröte (Mitte).
Feßler (unten links), Rotbauchunke (rechts).

die Unterseite ist weißlich, mehr oder weniger schwärzlich
gefleckt. An die Wechselkröten erinnern solche Varietäten
der Kreuzkröte, bei welchen die Marmorierung der Oberseite und der Leibesseite nicht rötlich, sondern dunkeloliven-
grün ist und nur die Warzen rot gefärbt sind. Ihre Aufenthalte sind so ziemlich die der Wechselkröte; gerne hält sich
die Kreuzkröte, wie schon ihr Name besagt, in und an Sümpfen
und Brüchen auf. Eine ausgezeichnete Gräberin weiß sie
sich, wenn sie nicht passende Unterschlupfe unter Steinen,
in Mauerwerk, Erdhöhlen vorfindet, Maus- und Grillenlöcher
entsprechend zu adaptieren oder sich selbst zu graben.

Wer diese drei Arten der echten Kröten, über deren
Laichen*) im Frühlinge und deren Kaulquappen wir schon an
anderer Stelle gesprochen haben, nicht schon nach der Färbung zu unterscheiden vermag, möge noch auf folgende
Unterscheidungsmerkmale achten. Bei der Erdkröte ist der
Raum zwischen den beiden oberen Augenlidern ganz deutlich viel breiter als eines der Augenlider; die Ohrdrüsen sind
gerade oder schwach halbmondförmig und treten stark hervor;
werden die Hinterfüße nach vorne ausgestreckt an den Leib
angelegt, so ragen sie mit den beiden Schwielen der Sohle
kaum über das Auge (beim Männchen) oder über die Schulter (beim Weibchen) hinaus; der erste Finger ist nicht länger
als der zweite, die Gelenkhöcker an der Unterseite, jedenfalls der der vierten Zehe, sind doppelt; die Schwimmhäute
der Zehen reichen oft fast bis zu den Spitzen, aber mindestens
bis zur Hälfte der Zehen; die Regenbogenhaut ist goldigrot
oder goldgelb. Bei der Wechselkröte ist der Raum zwischen
den beiden oberen Augenlidern höchstens ebenso breit als
eines der Augenlider; die Ohrdrüsen haben Nierenform und
treten nicht so stark hervor; die Hinterbeine an den Körper

---

*) Als Kuriosum will ich hier nachtragen, daß heuer eines meiner
Erdkrötenpaare vom 27. April bis zum 13. Juni in Copula verblieb, ohne
daß das Männchen während dieser Zeit die Umarmung des Weibchens
unterbrochen oder Nahrung aufgenommen hätte.

angelegt, reichen mit den Schwielen der Sohle bis zum hinteren Rande (beim Männchen) oder zum vorderen Rande der Augen (beim Weibchen); der erste Finger ist etwas länger als der zweite; die Gelenkhöcker an der Unterseite sind einfach; die Zehen haben höchstens Zweidrittel-, meistens Halb-Schwimmhäute; die Regenbogenhaut ist grüngoldig oder messinggelb; während bei der Erdkröte die Haut sich meist rauh anfühlt, ist sie bei der Wechselkröte, deren Warzen nicht spitzig vorragen, glatter und auch die Unterseite glatter und nicht so runzlig wie bei der Erdkröte. Bei der Kreuzkröte ist der Raum zwischen den beiden oberen Augenlidern schmäler als eines der Augenlider, reichen die an den Leib ausgestreckt angelegten, kurzen Hinterbeine mit dem Höcker am Grunde der inneren Zehe bis zum hinteren Augenrande (beim Männchen) oder bis zur Schulter (beim Weibchen), ist der erste Finger kürzer, keinesfalls aber länger als der zweite, sind die Gelenkhöcker an der Zehenunterseite, jedenfalls die der vierten Zehe, doppelt und die Zehen nur mit kurzen Schwimmhäuten verbunden; auf dem Unterschenkel ist eine große Drüse vorhanden. Das Trommelfell ist bei der Kreuzkröte klein und wenig deutlich sichtbar, bei der Erdkröte meist deutlich sichtbar, bei der Wechselkröte deutlich sichtbar. Der Stimmittel unserer Kröten haben wir schon bei den Froschlurchkonzerten gedacht.

Von diesen drei echten Kröten unserer Lurchfauna ist die etwa 8 cm lange Knoblauchkröte (Pelobates fuscus Laur.) sehr leicht zu unterscheiden, schon an der senkrechten, elliptischen Pupille — die echten Kröten haben horizontalelliptische, die Unken dreieckige Pupillen —, und an der großen, scharfschneidigen Hornplatte von gelbbrauner Farbe an der Basis der Innenzehe; die Zehen haben ganze Schwimmhäute. Die Färbung der Oberseite ist grau oder braun, die der Unterseite weißlich; auf der Oberseite stehen meist vier Reihen großer Flecken, die in Längsbinden zusammenfließen, von welchen die beiden mittleren des Rückens, zwischen

denen ein hellerer Längsstreifen sich zeigt, am schärfsten
hervortreten; ein dunkler Querfleck steht zwischen den Augen,
ein schiefer Längsstreifen hinter dem Auge, große Dunkelflecken auf der Oberseite der Schenkel; die Unterseite ist
ganz einfarbig oder dunkel gefleckt. Die Knoblauchkröte ist
ein ausgesprochen nächtliches Landtier der Ebene und, da
sie sich den Tag über ganz in den Boden eingegraben ver-
birgt, wenig zu sehen. Am häufigsten ist sie im Sandgebiete
der Flußniederungen zu finden. Ihrer frühen und kurzen
Laichzeit und des langen Kaulquappenlebens ihrer Larven
ist schon an anderer Stelle Erwähnung getan worden.

Wir kommen nun zu der letzten, unstreitig interessantesten Art unserer heimischen Kröten, dem Feßler oder der
Geburtshelferskröte (Alytes obstetricans Laur.), bei welcher, wie wir schon erfahren haben, das das Weibchen
während der Paarung in der Lendengegend umfaßt hal-
tende Männchen die abgehenden Eierschnüre übernimmt,
indem es sich dieselben um die Hinterbeine wickelt,
durch entsprechende Bewegungen des Körpers und der Hinterbeine höher hinaufschiebt und sich dann mit der Eierlast, durch die es in seinen Alltagsverrichtungen nicht ge-
hindert zu sein scheint, wieder zu seinen früheren Landaufent-
halten begibt, um erst nach 4—6 Wochen mit den aus-
schlüpfreifen Eiern ins Wasser zu gehen, wo dann die Jungen
sofort auskriechen. Die Zahl der Eier, die vom Weibchen
abgelegt werden, ist eine viel kleinere als bei den anderen
besprochenen Lurchen, und scheint es nach den Untersuchungen von Paul Krefft, der zur selben Zeit Larven des
Feßlers in ganz verschiedenen Entwicklungsstadien an derselben Stelle vorgefunden hat, daß das Weibchen des Feßlers
seine Eier innerhalb längerer Zwischenzeiten in mehreren
Sätzen abgibt und so die Laichzeit des Feßlers vom Früh-
jähr bis in den Herbst hinein andauert und die Larven aus
dem am spätesten abgesetzten Laich die Verwandlung nicht
mehr in demselben Jahre beenden, sondern überwintern und

erst im nächsten Sommer das Wasserleben mit dem Landleben vertauschen. Unter unseren sieben Kröten ist der
Feßler, höchstens 5 cm lang werdend, nach den Unken der
kleinste Froschlurch. Wie bei der Knoblauchkröte ist auch
beim Feßler die Pupille senkrecht elliptisch. Mit den Unken
hat der Feßler den Besitz einer rundlichen, scheibenför-
migen, nicht ausgeschnittenen Zunge gemein, die mit der
Unterfläche fast ganz angewachsen ist. Während bei den
echten Kröten und der Knoblauchkröte die Wirbel vorne
ausgehöhlt sind und die Rippen vollständig fehlen, sind beim
Feßler, wie bei den Unken die Wirbel hinten ausgehöhlt
und verkümmerte Rippen vorhanden. Und zum Unterschiede
von den Fröschen haben alle diese sieben Arten der Gattungen Bufo, Pelobates, Bombinator und Alytes einen seitlich verschiebbaren Brustkorb, während er bei den echten
Fröschen unbeweglich ist. Unter allen unseren heimischen
Kröten ist der Feßler das ausgeprägteste Landtier, das unter
der Erde in selbstgegrabenen Gängen lebt und nur zur Abgabe der Eier knapp vor dem Ausschlüpfen der Jungen das
Wasser aufsucht; das Weibchen geht vielleicht gar nicht in
das Wasser. Der Ruf des Feßlers klingt wie ein flötenartiges,
kurzes „ü" und ist vom Frühlingsbeginn die ganze Sommerszeit hindurch bis zum Morgen zu hören.

Wenn die frischerlebigen, schmuckeren Frösche doch
einiger Sympathie begegnen, die Kröten aber in der Regel
nur Abscheu erregen, so ist das außer ihrem plumpen Äußeren, ihren schwerfälligträgen Bewegungen, ihrer runzligwar-
zigen Haut, vor allem der allgemeinen Furcht vor ihren
ätzenden Säften zuzuschreiben. Diese Säfte der Molche und
Kröten gelten allgemein als giftig und diese Furcht vor den
Giftsäften ist, wenn auch stark übertrieben, begründet. Der
unter Umständen reichlich aus den Hautdrüsen hervorquel-
lende milchige Stoff ist ein zähes, klebriges und ätzendes,
an den Saft verschiedener Wolfsmilchgewächse oder an den
Mohnsaft erinnerndes Hautsekret, das einerseits als Vertei-

digungsmittel, andererseits den kletternden Lurchen zur Er-
leichterung des Festhaltens an glatten Flächen dient. Za-
lesky hat das Sekret von mehr als 1000 Salamandern unter-
sucht; nach ihm wäre der Giftstoff eine organische, kristal-
linische, stark alkalische, in Alkohol und Wasser leicht lös-
liche, nach Miß Ormerod wie Mohnsaft, nach Leydig und
anderen wie Jasmin riechende Base. Aquarienfische gehen
unter der Einwirkung der Säfte in das Wasser gebrachter
Salamander zugrunde. Nach Abinis Untersuchungen wirkt
das Gift, ins Blut oder in den Magen gebracht, tödlich. Bei
kleinen Hunden, Kaninchen, Vögeln, Fröschen verursacht
der Giftsaft der Salamander epileptische Krämpfe, Maul-
sperre, Speichelfluß, Nackenstarre. Nach Vulpian und Paul
Bert stimmen die physiologischen Eigentümlichkeiten der
Giftstoffe des Feuersalamanders und der Skorpione und nach
Calmels des Krötengiftes in den bewirkten eigentümlichen
Zuckungen überein, so daß man annehmen darf, daß das
Gift aller dieser Tiere derselben chemischen Reihe zugehört
und etwa dem Leucin oder einer anderen basischen Säure
entspricht. Das Krötengift enthält nach G. Calmels eine ge-
wisse Menge Methylcarbylamin, von welchem der Geruch
und die Giftigkeit herrührt, weiters Methylcarbylaminsäure,
Isocyansäure, Kohlensäure. Wer viel mit Kröten zu tun hat,
wird jedenfalls die Beobachtung gemacht haben, daß die
Säfte örtlich reizend wirken, Rötung, Beißen, starkes Nießen,
Schnupfen, Betäubung, Kopfschmerz verursachen. Nach
neuesten Untersuchungen bestünde das Krötengift aus zwei
Stoffen, dem Bufotalin und Bufonin. Reibt man die Haut
der Kröte mit Alkohol, sammelt mehrere Wochen hindurch
die zur Ausscheidung kommende Flüssigkeit, dampft sie ein
und zieht den Rückstand mit Wasser aus, so bleibt ein un-
löslicher Rest, das Bufonin, in Kristallen zurück, während
das Bufotalin aus dem Rückstand des Auszuges mit Alkohol
ausgeschieden wird. Um auf diese Weise 7 g von den Giftstoffen zu erhalten, hatte Bertrand 1400 Kröten nötig. Einem

Frosch eingespritzt, wirkt das Bufonin allgemein lähmend, während das Bufotalin die Herztätigkeit zum Stillstand bringt. Nach Bertrand wäre das Bufonin gewöhnliches Cholesterin, welcher Stoff im Gehirn, der Galle und anderen Teilen des Tierkörpers vorkommt.

Nachdem wir so alle unsere einheimischen Lurche und Kriechtiere zur Paarungszeit und nach dieser in ihren verschiedenen Aufenthalten kennen gelernt haben und auch ihres zu verschiedener Jahreszeit mehr oder weniger verschiedenen Farbenkleides gewahr wurden, ist es wohl an der Zeit, der bei den verschiedenen Arten zutage tretenden Schutz- und Schmuckfarben und der mannigfachen Farbenvarietäten, wie sie auch bei Lurchen und Kriechtieren auftreten, mit einigen Worten zu gedenken.

Die Anpassung in Färbung und Zeichnung an die Farbengebung der Umgebung tritt bei den mit dem Boden in so naher Berührung bleibenden Lurchen und Kriechtieren am meisetn bei denen zutage, die sich tagsüber nicht in dunkeln Verstecken geborgen halten, sondern das Licht nicht scheuend, sich im Freien herumtreiben. Dem Lichte in seiner verschiedenen Intensität und Farbennuancierung fällt ja bei der Entstehung und Veränderung der Färbung und Zeichnung des Tierkleides eine Hauptrolle zu. Wo die Tiere sich geschützter wissen, die Licht- und Wärmeverhältnisse viel günstigere sind, entfalten sich die Farben, wie wir z. B. an den südlicheren und nördlicheren Vertretern derselben ,Eidechsenart sehen, viel üppiger, greller; unter minder gesicherten Lebensverhältnissen muss die lebhafte Farbenentfaltung gegenüber schützender Anpassung an die Farben der Umgebung zurücktreten. So haben sich auch bei unseren heimischen Lurchen und Kriechtieren, wenn auch nicht in so auffälligem Maß, wie in anderen Regionen, je nach der Verschiedenheit des Geländes, des Untergrundes, der Feuchtigkeit und Trockenheit, der Wärme und Beleuchtung verschiedene Farbenkleider herausgebildet. Bei den meisten Arten hat man es mit ausgesprochenen „Schutzfarben, Bergungsfarben" zu tun. Das Grün, Gelbgrün oder Braungrün der Wasserfrösche, das Laubgrün des Laubfrosches, so gut zu der Farbenumgebung seines Aufenthaltes passend, das dem Waldboden angepaßte Braun und Grau unserer Braunfrösche, das trübe, erdfarbige Braun der Erdkröte, das pfützenfarbige Schlammgrau oder Lehmgelb unserer Unken erscheint ebenfalls als dem Aufenthalt dieser Tiere angepasste Schutzfarbe, wie das Braun, Graubraun oder Grau der Blindschleiche dem trockeneren oder feuchteren Waldboden, das Grün der grünen Eidechse, das buntere Kleid der Zauneidechse dem Wiesengrün, das mattgraue, graubraune oder dunkelbraune Farbenkleid der Bergeidechse dem Moosboden, das Hellgrau, Dunkelgrau oder Braun der Mauereidechse mit seinen Schattierungen dem Gemäuer und Felsterrain sich anpaßt und das Schlammgrau der Würfelnatter und der meisten Ringelnattern zu ihrem Wasserleben, das Braun der Äskulapnatter mit den weißen Längsstricheln zum Flechten- und Moosboden des Waldes, das hellere Braun der Schlingnatter mit der lebhaften Zeichnung zu ihrem Aufenthalte an sonnigen Gehängen paßt und die so weit verbreitete und unter verschiedensten Verhältnissen lebende Kreuzotter solch verschiedenem Aufenthalte angepaßt in verschiedensten Farbenvarietäten auftritt. Im Unterschiede zu solchen Schutzfarben haben wir es bei den ihrer stark ätzenden Säfte wegen von den meisten Lurchfressern gemiedenen Wechselkröten und Kreuzkröten mit überaus auffallender Färbung und Zeichnung zu tun; wenn diese Kröten nicht während des Tages in inneren Schlupfwinkeln verborgen blieben, könnte man da von warnenden Schreckfarben sprechen; wer aber bei zufälligem Aufheben eines Blumenkübels am Tage einige zusammengeduckte Wechsel- oder Kreuzkröten gefunden hat, wird zugeben, daß die grünen und roten Flecken und Warzenpunkte sehr zu dem Algen-, Flechten- und Mooswucher an solchen feuchten Stellen passen. Auch das von dem Schwarz so grell abstechende Gelb des Feuersalamanders passt zu den Waldverstecken dieses Landmolches und sticht von dem Fahlgelb des Waldlaubes am Boden nicht ab; zur „Warnungsfarbe" wird dieses Gelb erst, wenn der Molch nach einem warmen Regen seine Verstecke verläßt und auf den Waldwegen dem Regenwurm- oder Nacktschneckenfange nachgeht. Ausgesprochene Warnungsfarbe ist das Bauchgelb oder Bauchrot der Unken, das sie, verfolgt und außerstande, ins Wasser zu entkommen, zur Schau stellen, indem sie sich zu Boden drücken und die Leibesseiten umstülpen.

Nur zur Zeit, in der die Lurche und Kriechtiere unserer Fauna in Betätigung ihres Fortpflanzungstriebes ihre volle Lebenskraft entwickeln, zur Paarungszeit, treten die Schutzfarben gegenüber den „Schmuckfarben" zurück und kommt es bei einzelnen Arten zur Entfaltung eines farbenreichen „Hochzeitskleides", wie dies von den Eidechsen, bei welchen die männlichen Zauneidechsen zur Paarungszeit in herrlichstem Grün prangen, die Männchen der grünen Eidechse zu dem lebhaften Grün noch ein schönes Blau der Kehle anlegen, und ganz besonders bei unseren Tritonen bekannt ist, bei welchen die Männchen ein farbenschmuckes Hochzeitskleid zur Schau tragen. Ist die Zeit der Liebe vorbei, dann vertrüben sich die Farben wieder, die grellen Makel und Bänder verschwinden und von all dem Farbenschmuck der Paarungszeit ist dann später wenig mehr zu sehen. Wie der Dimorphismus zwischen Männchen und Weibchen bei verschiedenen Lurch- und Kriechtierarten auch in Färbung und Zeichnung zutage tritt, haben wir schon früher gesehen.

Tritt bei Betrachtung all dieser Verhältnisse die Tatsache klar zutage, daß, je günstiger die Existenzverhältnisse sich gestalten, die Tiere nicht nur größer, üppiger erscheinen, sondern auch die Farbenentfaltung eine weit energischere ist, im entgegengesetzten Falle aber die Formen kleiner, ihre Farben düsterer werden, so kann es uns nicht auffallen, daß „Melanismus", Dunkelfärbung, gerade bei den Hochgebirgs-

Wasserfrösche: Typische Form (oben), Seefrosch (Mitte).
var. lessonae (unten).

tieren auftritt. Der in den Alpen bis zur Schneegrenze em-
porgehende Taufrosch zeigt in solchen Höhen immer dunklere Fleckenzeichnung, alpine Erdkröten sind sehr dunkelbraun, die Bergunke in den Alpen ist schwarz, der aus dem
Feuersalamander hervorgegangene Alpensalamander hat im
Hochgebirge die gelbe Fleckenzeichnung eingebüßt und auch
der Feuersalamander erscheint, je höher er im Gebirge vorkommt, ärmer an gelben Flecken, auch beim Kammolch zeigt
sich unter solchen Verhältnissen die Neigung zur Verdunklung,
bei Blindschleichen des Alpengebietes geht das Graubraun in
Dunkel- bis Schwarzbraun über, bei der Bergeidechse bleibt
bei der Varietät nigra Sturm das schwarze Jugendkleid zeitlebens erhalten und auch die Zauneidechse und die Mauereidechse neigen zum Melanismus. Von der grünen Eidechse
tritt in Kärnten eine oben und unten einfarbig graphit-
schwarze Varietät (helomelas Werner) auf. Eine alpine Varietät der Ringelnatter ist oben schwarz, unten auf dunkelgrauem
Grunde gewürfelt und zeigt die bekannten Mondflecken fast
ganz verdunkelt. Im Norden und in den Alpen ist die Kreuzotter als oben kohlschwarze, unten schwarzgraue Höhlenotter bekannt. Bei dieser Verdunklung der Arten im Hochgebirge spielt auch die größere Trockenheit des Bodens und
die geringere Wärme mit.

Auch Fälle von „Albinismus" sind bei Lurchen und
Kriechtieren wiederholt bekannt geworden. Wie dies z. B.
bei den Axolotls bekannt ist, finden sich unter den Feuersalamanderlarven zuweilen weißlichgrau, gelblichweiß und
auch ganz weiß gefärbte Larven. Von Schlangenfängern
habe ich zweimal aus dem Wienerwalde auf der Oberseite
ganz licht rötlichgelb gefärbte Exemplare erhalten. Auch
Ringelnattern mit sehr blasser Färbung und roten Augen
sind gefangen worden.

In fortgesetzter immer besserer Anpassung an geänderte Existenzverhältnisse, wie sie durch die im Organismus
selbst begründete und von ihm bestimmt gerichtete

Variation ermöglicht ist, entstehen auch in der Lurch-
und Kriechtierwelt neue Arten. In solcher Variation entstehen
zuerst minder unterschiedene Spielarten, dann immer mehr
sich differenzierende, schärfer ausgeprägte Varietäten. Verschwinden nach und nach die Rückfälle und Übergänge, dann
ist die neue Art feststehend. So haben sich auch bei unseren
heimischen Lurchen und Kriechtieren lokale Spielarten und
deutlicher differenzierte Varietäten herausgebildet. Wir wollen
hier der konstanteren unter ihnen in Kürze gedenken.

Bei dem in ganz Europa mit Ausnahme des Nordens
vertretenen Wasserfrosch lassen sich, wenn wir von einer

Abb. 34. Metatarsalhöcker bei den drei Formen des Wasserfrosches:
links typische Form, Mitte var. lessonae, rechts var. Seefrosch.

ganzen Reihe von Übergangsformen absehen, drei gut cha-
rakterisierte Varietäten oder Unterarten unterscheiden. Da
diese drei Varietäten nicht geographisch voneinander getrennt
sind, sondern auch nebeneinander in demselben Gebiete vorkommen können, wie dies erst vor kurzem Wolterstorff für die
stehenden Gewässer der Tucheler Heide konstatiert hat, sind
Verwechslungen bei oberflächlicher Betrachtung leicht möglich. Die eine der drei Varietäten, der Seefrosch (Rana esculenta subsp. ridibunda Pall.), die größte Form des Wasserfrosches, etwa 15 cm lang werdend, ist durch den kleinen
walzenförmig stumpfen, schwach hervortretenden Höcker am
Grunde der Innenzehe (seine Länge ist 2$^{1}/_{2}$—4mal in der
Länge der Innenzehe enthalten), die meist mehr oder weniger

warzige Haut, — die zweite Varietät: Rana esculenta subsp. typica durch den großen, vorspringenden, zusammengedrückten Höcker am Grunde der Innenzehe, 2—3 mal in der Länge der Zehe enthalten, die vorspringenden Seitenwülste und die glatte oder nur kleinwarzige Haut — und die dritte, kleinste, kaum 8 cm lange Varietät: Rana esculenta subsp. typica var. lessonae Cam. durch den sehr stark zusammengedrückten, fast schaufelförmigen harten Höcker am Grunde der Innenzehe, nur $1^1/_2$—2 mal in der Länge der Zehe enthalten, charakterisiert. Stellt man bei diesen drei Formen des Wasserfrosches die Hinterbeine so, daß die Längsrichtung des Leibes und die Oberschenkel einen rechten Winkel bilden und die Unterschenkel anzuliegen kommen, so kommen beim Seefrosch die Fersen übereinander zu liegen, während sie bei der zweiten Form zusammenstoßen oder zwischen ihnen noch ein kleiner Zwischenraum bleibt und bei der dritten Form die Hinterbeine mit den unteren Enden der Unterschenkel nicht mehr zusammenstoßen; es hat

Abb. 35. Schematische Darstellung, wie bei den zur Bestimmung der Frösche erforderlichen Messungen eines der Hinterbeine an den Leib anzulegen ist, dann wie die Hinterbeine zu stellen sind, um die typische Form des Wasserfrosches von der Varietät Seefrosch zu unterscheiden. (Würden auf dem vorliegenden Bilde die Oberschenkel der Hinterbeine ganz unter einem rechten Winkel zur Längsrichtung des Leibes gestellt, so kämen beim Anlegen die Unterschenkel nicht aneinander, sondern übereinander zu liegen.)

also der Seefrosch die längsten, die dritte Form die kürzesten Beine; beim Seefrosch ist der Unterschenkel gerade so lang oder nur wenig kürzer, bei der zweiten Form kürzer und bei der dritten Form bedeutend kürzer als der Fuß (von der längsten, 4. Zehe bis zum äußeren Höcker). Die Färbung

10*

des Seefrosches ist nie lebhaft grün, auf der Oberseite braungrün bis dunkelbraun, und an den Weichen und Schenkeln
nie gelb; die typische Form ist oben lebhaft grün oder braun
und meist schwarz gefleckt, an den Weichen und Hinter-
seiten der Oberschenkel mehr oder minder intensiv gelb und
schwarz gefleckt; die Varietät lessonae ist wie die typische,
nur viel lebhafter und intensiver gefärbt; beim Seefrosch sind
die Schallblasen schwärzlich bis grau, bei der typischen Form
weißlich oder etwas grau, bei der dritten Form bläulich
gefärbt.

Vom Moorfrosch sind drei Farbenspielarten bekannt,
die typische Form, var. typica, auf der Oberseite meist braun,
graubraun, rötlichbraun, ohne Streifen und mit schwacher
Fleckenzeichnung, dann var. striata Koch mit charakteristi-
schem hellen Rückgratsband und var. nigromaculata Wolterst., die von Wolterstorff in der Tuchelerheide ziemlich
verbreitet vorgefunden wurde und in ihrer lebhaften schwarzen Zeichnung sehr an den Taufrosch erinnert.

Von Farbenvarietäten des Taufrosches, soweit die heimische Fauna in Betracht kommt, ist die var. striata mit einem
hellen Rückgratsstreifen, die var. marmorata, auf rotbrauner
Oberseite hellrosenrot marmoriert, und die var. nigromaculata, auf der Oberseite mit großen, schwarzen Flecken, welche
besonders auf der Hinterhälfte des Leibes auftreten und die
Querbänderung der Hinterbeine ganz verwischen, zu nennen.

Die Erdkröte tritt in den Alpen in einer Farbenspielart auf, bei der die Weibchen ganz dunkelbraun erscheinen
und an jeder Leibesseite einen breiten ziegelroten Längsstreifen zeigen. Bei alpinen Gelbbauchunken ist die Färbung
der Oberseite schwarzgrau, die der Bauchflecken auf der
gelben Grundfärbung graublau.

Bei den beiden Landmolchen zeigen sich mancherlei
Übergänge zwischen der einfarbigen Hochgebirgsform und
dem Feuersalamander. Einmal sind bei Alpensalamandern,
ganz abgesehen davon, daß sie nicht immer entschieden

schwarz gefärbt sind, besonders auf der Kehle und Brust, viele kleine, weißlichgelbe Fleckchen zu finden; dann ist auch das Farbengelb beim Feuersalamander nicht bei allen Individuen gleich reichlich vertreten, sondern, wie wir ja schon an anderer Stelle ausgeführt haben, treten die gelben Flecken, was ihre Zahl, Größe und die Intensität der Farbe betrifft, bei den höher ins Gebirge vorgedrungenen Exemplaren mehr und mehr zurück und wird die Zahl, Größe und Sättigung der gelben Flecken einerseits durch Trockenheit, Kälte, Aufenthalt auf dunklem Boden beeinträchtigt, andererseits durch Feuchtigkeit, Wärme, lehmigen Boden gefördert.

Mehr als die nächtlich lebenden, tagsüber zumeist in ihren Verstecken verborgen bleibenden Lurche müssen sich die fast durchwegs ein Tagleben führenden Kriechtiere, die auch in ihren viel lebhafteren Bewegungen mehr auffallen, zu ihrem Schutze der Umgebung anpassen. So hat sich bei einer Reihe von Reptilienarten eine größere oder geringere Zahl mehr oder weniger markanter Farbenspielarten und ausgesprochener Varietäten herausgebildet.

Schon die Blindschleiche, die eigentlich auch ein mehr nächtlich verborgenes Leben führt, zeigt je nach ihrem Aufenthalte ein helleres oder dunkleres Braun, verschieden gestrichelt, gepunktet, gefleckt; es handelt sich da aber um keine konstanten, ausgesprochenen Varietäten, denn man kann an einem und demselben Platze hellere und dunklere, einfarbigere und verschieden gezeichnete Exemplare, die nicht einmal verschiedenen Geschlechtes sind, finden. Konstanter ist die Dunkelfärbung alpiner Exemplare. Werner hebt als erwähnenswerte Varietät die var. incerta Krynicki hervor, die auf meist einfarbiger silbergrauer oder hellbrauner Oberseite kleine, lebhaft blaue Flecken aufweist. Reich an Varietäten sind die heimischen Eidechsenarten. Bei der Zauneidechse tritt außer der bekannten typischen Form eine durch fünf Reihen schöner schwarzer Augenflecken auf dem

Rücken und den Leibesseiten (sämtliche Exemplare solcher Zeichnung sind Weibchen) gekennzeichnete Farbenspielart var. annulata Werner, eine zweite Spielart (var. spinalis Werner) mit schmaler heller Rückenlinie, eine andere Varietät (dorsalis Werner), nur Männchen, von hellgrüner Färbung, an den Leibesseiten statt mit Augenflecken, mit vielen dunklen Punkten gekennzeichnet, mit breitem braunen Längsband auf dem Rücken und Schwanz, und die besonders hübsche Varietät erythronotus Fitz. mit einfarbig rotbraunem, hellbraunem oder ziegelrotem Rücken, ganz fleckenlos oder jederseits mit einer Reihe ganz kleiner Flecken, auf. Alpine Zauneidechsen zeigen dunklere Färbung. Wolterstorff erwähnt in seinen „Die Reptilien und Amphibien der nordwestdeutschen Berglande" für das Gebiet Braunschweig neben den typischen hellgrau gefärbten Exemplaren ein von V. v. Koch erbeutetes Exemplar von schwarzbrauner Grundfärbung, auf der von den hellen Augenflecken der Rückenmitte nur ein wenige Millimeter langes feines Strichelchen übriggeblieben ist; der Rücken ist gegen die Flanken·durch zwei breite weiße Streifen abgegrenzt, die Kehle schwach bläulich angehaucht. Weit mehr noch variiert die grüne Eidechse, und zwar besonders die Weibchen. Werner unterscheidet: die Varietät bilineata Duges, braun (mit hellgrüner Beimischung in Fleckenform oder als Anflug) oder braungrün oder ganz grün mit 2—4 weißen oder hellgelben, dunkel geränderten Längsstreifen, weißer Kehle und hellgelbem Bauch; var. maculata Duges, braun, unregelmäßig schwarz gefleckt; var. flavescens Werner, hellgelbbraun oder gelb, mit sehr großen Flecken; var. concolor Duges, hellgelbgrün, vollständig einfarbig; var. similis Werner, hellgelbgrün, mit dunklen Punkten besät, mit helleren Flecken auf dem glänzend nußbraunen Scheitel, weißer, rosenroter oder blaßblauer Kehle, meist brauner Oberfärbung des Schwanzes und der Gliedmaßen. Einfarbig graphitschwarz ist oben und unten die Varietät helomelas Werner. Die Bergeidechse

tritt in der oben und unten schwarzen oder unten schwarz-
oder braungrauen Varietät nigra Wolf, der oben auf grünlich-
grauem, grünlichbraunem oder schwärzlichbraunem Grunde
mit zwei hellen, dunkelgesäumten Längsstreifen gezeichneten
Varietät montana Mikan und der oben blaßfarbigen, hell-
braunen oder hellgrauen Varietät pallida Fatio auf, bei
welch letzterer alle Fleckenzeichnung fehlt oder nur in wenigen Spuren angedeutet ist. Die in zahlreichen Farbenvarietäten auftretende Mauereidechse ist bei uns in der typischen
Form vertreten, bei der die Färbung der Oberseite nie grün,
sondern braun, hellgrau bis dunkelgrau gefärbt ist, die Leibesseiten ein dunkles Seitenband zeigen und das Männchen
mit blauen Bauchrandschildchen geziert ist.

Von der Ringelnatter sind mehrere konstantere und lokale Varietäten bekannt. Als besonders markant ist da die
zweistreifige Ringelnatter (var. persa Pall.) mit zwei hellen
Längsstreifen auf der Oberseite und die schwarze Ringelnatter (var. scutatus Pall.), oben schwarz, unten dunkelgrau,
mit verdunkelten Mondflecken, zu nennen, weiters die Varietät
sparsus Schreib., welche die Oberseite mit vielen hellen und
dunklen Flecken oder Stricheln dicht gesprenkelt zeigt, die
Varietät ponticus Pall., bei der die Flecken der Oberseite
ganz fehlen, die Varietät cetii Géne, hellgrau, mit glänzend
schwarzen Querbinden gekennzeichnet; oben rötlichbraun mit
großen, schwarzen Rundflecken, am Bauche ganz schwarz ist
die Varietät gronoviana Laur. Die Würfelnatter, von der aus
dem Süden und Osten mehrfache Varietäten bekannt sind,
variiert in unserer Fauna nur derart, daß die Grundfärbung
der Oberseite lichter oder dunkler, ihre Fleckenzeichnung
deutlicher oder verschwommener ist und die gelbbraune oder
schmutzig gelbe Unterseite an den Seiten zuweilen einen
gelblichen oder rötlichen Anflug zeigt. Die Grundfärbung
der Oberseite ist bei den Männchen meist braun, bei den
Weibchen meist grau. Von der Äskulapnatter sind außer
der oben sehr hell braun- oder graugelben, nur ganz spär-

lich weiß gestrichelten, unten einfarbig gelben Varietät flavescens die Varietät leprosus Donnd., bei welcher die weißen
Stricheln der Leibesseiten in solcher Menge auftreten, daß
sie zusammenstoßend weiße Längslinien bilden, die mit vier
deutlichen, dunkelbraunen Längsstreifen gezeichnete Varietät romanus Suck. und die Varietät subgriseus Werner zu
nennen, welche letztere auf der Oberseite schwärzlichgrau bis
tiefschwarz, unten dunkelgrau ist, zwischen welchen beiden
Dunkelpartien die Bauchkante häufig ganz hell erscheint.
Auch die Schlingnatter tritt in mehrfachen Varietäten auf; bei
dreien, schon von Schreiber unterschiedenen sind bei der
ersten die Flecken, besonders die des Rückens dunkelgerän-
dert und groß und fließen die der beiden Rückenreihen zu
Querbinden zusammen, bei der zweiten die Rückenflecken zu
zwei breiten, vom Winkelfleck des Hinterkopfes auslaufen-
den dunkelgeränderten Längsstreifen verschmolzen und bei
der dritten alle Flecken sowohl der Länge als der Quere
nach verbunden, so daß sich eine leiterförmige Zeichnung
abhebt. Werner führt dann als weitere Varietäten an: var.
quadritaeniata Wern. mit vier deutlichen, dunkelbraunen,
aber nicht dunkelgeränderten Längsstreifen; var. concolor
Werner ohne alle Fleckenzeichnung auf Rumpf und Schwanz,
und die seltene Varietät lateralis Werner, bei der sich die
Seitenzone von der helleren Rückenzone scharf abhebt und
alle Schuppen einen dunklen Längsstrich in der Mitte zeigen;
als eigene Art wurde die Varietät fitzingeri Bonap. an-
gesehen, bei der das große, fast kuppenartig vorgewölbte
Rüsselschild wie über die Zwischennasenschilder überge-
schlagen erscheint und diese ganz voneinander trennt. Überaus variabel ist die Kreuzotter, die in demselben Gebiete in
verschiedenster Färbung und Zeichnung auftritt, so daß man
es nicht einmal mit konstanten Lokalvarietäten zu tun hat.
So findet sich fast überall neben der typischen Form die
oben kohlschwarze, unten schwarzgraue, am häufigsten wohl
im Alpengebiete auftretende Höhlenotter (var. prester), von

der wieder die var. scytha Pall., oberseits mit rostroten, und die var. melanis Pall., oberseits mit milchweißen Punkten, Untervarietäten sind. Die Viper, von der aus anderen Ländern viele Varietäten bekannt sind, und die gleichfalls sehr variierende Sandviper (für unser Gebiet hier kommt die Sandviper nur aus einem Teile Tirols und aus Kärnten, die Viper aus einem Teil Tirols, aus dem Schwarzwald und aus Lothringen in Betracht) variieren in diesen Gebieten nur wenig.

# Lurche und Kriechtiere auf der Jagd.

Alle unsere Lurche sind Raubtiere, die Schwanzlurche
auch schon zur Zeit, da sie als Larven im Wasser leben;
wenn die Froschlurchlarven auch mit dem Schlamm, mit dem
sie fleißig ihren Darm anfüllen, mancherlei pflanzliche Nähr-
stoffe mit aufnehmen und an Pflanzen fleißig nagen, so ist
es ihnen neben dieser Pflanzenkost auch um die im Schlamme
vorhandenen, mikroskopisch kleinen Tiere, Infusorien,
kleinste Krebstiere und Würmer zu tun, und schon als kleine
Larven sieht man sie an anderen Lurchlarven nagen, sie
sind ausgesprochene omnivore Tiere, Pflanzen- und Aas-
fresser. Am frühesten und lebhaftesten tritt die Raubtier-
natur bei den Larven der Tritonen und des Feuersalamanders zutage, die schon als jüngste Tiere auf die Daphnien
und Cyclopiden und andere Krebstierchen, auf die Larven
der verschiedenen Mückenarten Jagd machen und sich nach

und nach an immer größere Beute wagen, an den Röhrenwurm, andere Würmer des Wassers, an die Kaulquappen, kleinen Schnecken, die Larven und Puppen verschiedener Wasserinsekten, ja über die Larven der eigenen Verwandtschaft herfallen. Ist's mit dem Wasserleben vorbei, die Metamorphose beendet, dann sind es immer größere Tiere, die gejagt und in Menge erbeutet werden. Man wundert sich da oft, an wie große Tiere sich zumal die erwachsenen Froschlurche zuweilen wagen.

Der gewalttätigste unter diesen Räubern unserer heimischen Lurchwelt ist da ohne Frage der Wasserfrosch, in seiner als „Seefrosch" bekannten Varietät ja auch unser größter Froschlurch. Sind es auch vor allem Insekten und Insektenlarven aller Art, Bienen und Wespen nicht ausgenommen, Spinnen, Schnecken, Kaulquappen, die ihm als Nahrung dienen, so fällt ihm aber auch junge Fischbrut zum Opfer, würgt er kleine Schlangen, junge Eidechsen, Wassermolche hinab, vergreift sich auch an seinen eigenen Verwandten und verschlingt sogar die von den meisten

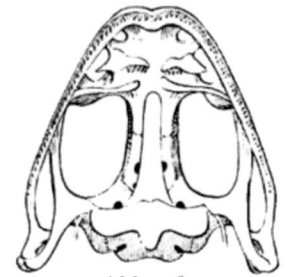

Abb. 36.
Schädel und Bezahnung
des Wasserfrosches.

Lurchfressern gemiedenen Rotbauchunken. Den Braunfröschen und Laubfröschen dienen allerlei Fliegen, Käfer, Schmetterlinge, glatte Raupen, ersteren auch Würmer und Nacktschnecken zur Nahrung. Die drei echten Kröten, die Knoblauchkröte, die beiden Unken und der Feßler, leben von verschiedensten Insekten und deren Larven, Asseln, Spinnen, Tausendfüßern, Nacktschnecken, Würmern. Unsere Tritonen machen auf die Kleinkrebse, Kaulquappen, Würmer des Wassers und während ihres hochsommerlichen Landaufenthaltes auf Regenwürmer, glatte Raupen, kleine Nacktschnecken Jagd, der größte unserer heimischen Wassermolche, der Kammmolch, geht aber auch größere Tiere an, erbeutet kleine Fische, weiß den Schwimm- und Tellerschnecken beizukommen und geht auch schwächeren Exemplaren anderer und eigener Art zuleibe. Für unsere beiden, weit unbehilflicheren Landmolche sind nur langsamere Tiere bewältigbare Beute, so verschiedene Regen- und Erdwürmer, langsam kriechende Insekten, Nacktschnecken; ab und zu

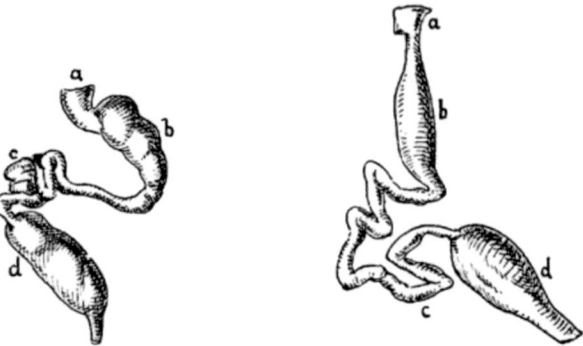

Abb. 37. Darm der Erdkröte.   Abb. 38. Darm des Feuersalamanders.
a Ösophagus, b Magen, c Mitteldarm, d Enddarm.   Nach C. K. Hoffmann.

mag einmal auch ein ans Land gegangener Triton in das Versteck eines Landmolches geraten und diesem zum Opfer fallen.

Auch unsere heimischen Reptilien sind von Jugend an ausgesprochene Raubtiere, die nur lebende, sich rührende Tiere angehen. Die größeren unter ihnen stellen verschiedensten Wirbeltieren (auch Vögeln und Säugetieren) nach, suchen sich vor allem aus der Reptilienwelt selbst, weniger aus der Fisch- und Lurchwelt, ihre Opfer, nebenbei aber auch unter den niederen Tieren und machen sich auch über die Vogelnester her; für die kleineren Arten liefert die Welt der Insekten, der Würmer und Schnecken die nötige Nahrung. Energische, flinke, mutige Räuber sind die Eidechsen, die hinter verschiedensten Kerbtieren, vor allem Heuschrecken, Grillen, Käfern, Schmetterlingen, Fliegen und deren Larven, Nackt- und anderen Schnecken, Würmern her sind. Die beiden größeren unter unseren heimischen Eid-

echsen, die grüne Eidechse und die Zauneidechse, bewältigen auch kleinere Eidechsen, die grüne Eidechse auch
Mäuse und kleine Schlangen. Obwohl die Eidechsen in der
Regel nur lebende, in Bewegung befindliche Tiere angehen
und Totes nicht beachten, habe ich doch wiederholt die Beobachtung gemacht, daß Eidechsen Reptilieneier verzehren,
und dürften alle Individuen, die sich einmal, das erste Mal
vielleicht durch ein zerquetschendes Ei daraufgeführt, von
dem schmackhaften Inhalte solcher Eier überzeugt haben,
ihnen unterkommende Reptilieneier verzehren und mögen
auf gleichem Wege auch dazu gebracht worden sein, gelegentlich auch den Eiern der Vogelnester nachzustellen.
Gefangen gehaltene Eidechsen nehmen rohes Eigelb sehr gerne
an. Die in Bewältigung ihrer Beute recht unbeholfenen und
schwerfälligen Blindschleichen sind fast ganz auf den Fang
von Regenwürmern, glatten Raupen und Nacktschnecken angewiesen. Weit vielseitiger ist der Tisch der Sumpfschildkröte versorgt, die vor allem Fischfang betreibt, aber auch
Froschlurche und Tritonen und deren Larven, verschiedene
Wasserinsekten, Schnecken, Würmer nicht verschmäht. Von
den Nattern halten sich die Wassernattern insbesonders an
Frösche und Fische, die zwei anderen Nattern an Eidechsen und Mäuse. Die Ringelnatter frißt mit Vorliebe
Laub- und Braunfrösche, jagt auch Fische, verschlingt aber
auch, wenn auch nur in Ermanglung anderer Nahrung,
Wasserfrösche, Erd- und Wechselkröten, Knoblauchkröten,
Wassermolche und, wie ich heuer an meinen gefangenen
Exemplaren zum zweiten Male erlebte, auch Feuersalamander, scheint aber Unken am unliebsten zu nehmen. Auch
die Kaulquappen all dieser Froschlurche und die Molchlarven
fischt sie auf. Die Würfelnatter, die ja mehr an das klare
Flußwasser sich hält, stellt vor allem Fischen nach, stellt
sich aber, wo ihr diese versagt sind, auch mit Laub-, Braun-
und Wasserfröschen, Quappen, Molchen zufrieden. Die
Schlingnatter macht auf Berg-, Zaun- und Mauereidechsen

Jagd. Die Äskulapnatter hält sich mit Vorliebe an Mäuse, stellt aber auch Eidechsen, Vögeln und deren Eiern nach und soll unter Umständen auch mit Fröschen und Fischen zufrieden sein. Unsere vier Vipern nähren sich von Mäusen, Spitzmäusen, Maulwürfen, jungen Vögeln.

Bei der Bewältigung ihrer Beute gehen die verschiedenen Lurche und Kriechtiere je nach ihrer Beweglichkeit, Lebhaftigkeit, Gewandtheit und Kraft ganz verschieden vor. Unsere echten Kröten richten sich, wenn sie eines Beutetieres ansichtig geworden sind, aus ihrer zusammengeduckten Stellung auf, schieben den Körper soweit als möglich vor oder nähern sich auch langsam dem zu erbeutenden Tiere und werfen dann die vorne angeheftete Zunge auf das Opfer zu, dieses anleimend und in den Rachen holend. Die lebhafteren und weit sprunggewandteren Frösche setzen in weitem Sprunge auf die Beute los und erhaschen sie dann gleichfalls mit der Zunge. Die Molche packen, wenn ihnen das zu erbeutende Tier nahe genug gekommen ist, dasselbe mit den Kiefern und würgen es mit Macht hinab. Die Eidechsen schnappen auf ihr Opfer zu, zerzausen und schütteln es vor dem Verschlingen gehörig. Die Schlangen erdrücken und ersticken ihre Beute, nachdem sie sie rasch erfaßt haben, in vielfacher Leibeswindung, so die Äskulapnatter und die Schlingnatter, oder packen sie, wie es die Ringelnatter und die Würfelnatter tun, mit dem Munde und gehen sofort an das Verschlingen derselben oder beißen, so die Vipern, das Opfer und warten meist erst die Wirkung des Giftes ab, ehe sie es verschlingen.

Wer viel hinter Lurchen und Kriechtieren her ist, kann oft im Freien, jedenfalls aber an gefangenen Tieren Augenzeuge solcher lebhaft sich abspielender Jagd- und Kampfszenen sein. Lebhaft geht es auf der Jagd der Frösche her, wie man am Ufer eines von Wasserfröschen reich besetzten Teiches, von einem passenden Verstecke aus leicht beobachten kann. Scheinbar ganz verträumt sitzen sie da, die grünen

Gesellen, als achteten sie der Umgebung gar nicht. Da läßt sich auf einem Blatte eine Biene ruhebedürftig in der Nähe eines der Frösche nieder, der sie auch schon erblickt hat, einen Moment wie zielend auf sie hinsieht, dann aber auch schon auf sie losspringt, die Zunge weit nach ihr hinwirft und die Anklebende sofort hinabwürgt. An anderer Stelle hüpfen Wasserfrösche in aller Gemächlichkeit, nur ganz kurze Sprünge machend, zwischen den Uferpflanzen umher, bald da, bald dort eine Fliege auf einem Blatte, eine langsam am Boden dahinkriechende Raupe, einen aufgescheuchten Käfer, eine an einem Stengel emporkriechende Nacktschnecke er-beutend. Kommt einem dieser Jäger ahnungslos ein kleiner Verwandter zu nahe, so ist er auch schon von dem rücksichts-losen Vetter gepackt, unter Zuhilfenahme der Finger in den Rachen geschoben und verschlungen. Besonders aufmerk-sam für alles, was in ihrer Umgebung vorgeht, werden die Laubfrösche einer kleiner Nacktraupe, einer Fliege in ihrer Nähe rasch gewahr, schon stehen sie auch in aufmerksam-ster Beobachtungsstellung da, dann ein rascher, weiter Satz und die Beute ist gemacht und verschlungen.

Begreiflicherweise viel langweiliger geht das Verschlingen von Erd- und Regenwürmern seitens der Kröten und Molche vonstatten. Eine Erdkröte, die damit beschäftigt ist, einen recht großen Regenwurm zu verschlingen, bietet einen recht wunderlichen Anblick. Sie hat den Wurm glücklich erfaßt und mit einer mächtigen Schluckbewegung einen Teil des Wurmleibes auch hinabgewürgt, aber nach beiden Seiten hängen noch zwei lange Fäden heraus und in lebhaften Win-dungen ist der Wurm bemüht, der ungastlichen Tiefe zu entschwinden. Wieder schiebt die Kröte eine Partie des Wurmes in den Schlund hinab, drückt bei der argen Würgung die Augen fest zusammen, führt dann, bald mit dem einen, bald mit dem anderen Fuße nachhelfend, ein weiteres Stück des Wurmes zum Munde, zappelt dabei eigentümlich herum, bis endlich der ganze Wurm verschlungen ist und nur mehr

wiederholtes Schließen der Augen und zeitweise Schluckbewegungen andeuten, daß der Wurm im Inneren die Versuche, herauszukommen, noch nicht aufgegeben hat. So träge
eine solche Kröte unter dem Schattendunkel eines Blattes
stundenlang dahinzubrüten vermag, so lebhaft wird sie sofort,
wenn sie von ihrem Unterschlupfe aus eines vorbeikriechenden Kleintieres gewahr wird; sofort richtet sie sich auf, sieht
gespannten Blickes auf das sich regende Tier, schiebt sich,
den Körper langgezogen, fast wie eine Raubkatze, die ihr
Opfer beschleicht, an den Wurm oder Käfer heran und wirft
dann, den Kopf nach unten biegend, die Zunge nach dem
Tiere. Überaus stürmisch und hastig stürzen die Unken auf
einen erblickten Wurm und würgen ihn, mit den Vorderfüßen
nachhelfend, unter raschen Schlingbewegungen die Augen
schließend und wiederholt sich überpurzelnd, hinab. Recht
bedächtig und langsam machen sich die Landmolche an die
Bewältigung ihrer Beute. Seinen gemächlichen Kriechgang
kaum um etwas beschleunigend, nähert sich ein solcher Molch
dem erblickten Wurm, holt dann mit einer raschen Kopf-
bewegung nach ihm aus, packt denselben und würgt ihn
nun ruckweise hinab. Auch die Tritonen, die, den Kopf hin-
und herwerfend den erfaßten Wurm tiefer in den Mund zu
bringen versuchen, sind nicht viel flinker beim Bewältigen
ihrer Beute.

Überaus lebhaft spielt sich die Insektenjagd der Eidechsen ab. Hier hat eine grüne Eidechse eine Heuschrecke
erblickt. Rasch ist sie hinter ihr her, holt dann in einem
jähen Satze nach ihr aus, packt sie mit den Kinnladen und
Zähnen, schüttelt sie nun recht derbe, um sie widerstands-
unfähig zu machen und geht dann daran, die Beute mit einigen
Bissen plattzudrücken und dann mit Behagen zu verzehren.
Ist das geschehen, dann putzt sie sich behaglich mit der
Zunge Schnauze und Kiefer und ist auch schon wieder zu
neuem Fange bereit. Ist es ein hartschaliger Käfer, der erbeutet wurde, dann wird dieser einige Male kräftig hin und

her geschleudert, gegen einen Stein gestoßen, bis die Flügel-
decken abgefallen sind, dann mit einigen Kaubewegungen
zusammengepreßt und verschlungen. Regenwürmer werden
recht unsanft geschüttelt, ausgelassen und wieder gepackt
und hin und her gewirbelt und dann hinabgewürgt.

Sehr geschickt weiß die Sumpfschildkröte kleine Fische,
verschiedene Molche, Schnecken, Würmer, aber auch kleinere Wasserinsekten zu erbeuten; aber auch große Fische
fallen ihr zum Opfer, indem sie denselben durch Bisse in
den Unterleib tödtliche Wunden beibringt und die dann
früher oder später verendenden aufzehrt. Wasserfrösche
packt sie unversehens von unten an einem der Hinterbeine
und zieht sie in die Tiefe und frißt sie dann stückweise.

Wohl am interessantesten spielt sich der Kampf zwischen
den Schlangen und ihren Opfern ab. Am gewalttätigsten gewiß bei den Ringelnattern, wenn diese einen recht großen
Wasser- oder Taufrosch erbeutet haben. Man kann da der
zu leistenden Schlingarbeit im Freien und an Gefangenen
leicht zusehen. Am schwierigsten wird es der Schlange, den
Frosch zu verschlingen, wenn sie ihn nicht vorne erfassen
konnte, sondern an einem der Hinterfüße gepackt hat und
nun den stürmisch Zappelnden festhalten und trotzdem in
der Schlingarbeit vorwärts kommen soll. Selbst wenn Ringelnattern dies zu tun gewohnt wären, hätte der Versuch, den
Froschleib zu umwickeln, bei dessen Schlüpfrigkeit wenig
Erfolg. So arbeitet die Schlange denn lediglich mit den Kiefern und Zähnen. Trotz allen Sträubens des Frosches rücken
die Mundränder weiter vor und umspannen immer mehr von
dem ergriffenen Hinterfuße. Endlich ist der eine Hinterfuß
vollständig in dem Rachen der Schlange verschwunden und
nun hat sie den mühsamsten Teil der Arbeit zu leisten und
auch den zweiten Hinterfuß in den Mund zu bekommen,
was ihr aber erst nach vieler Mühe und vollster Kraftleistung
der Schlingmuskeln gelingt. Von jetzt ab geht das Hinabwürgen des erbeuteten Frosches viel rascher vor sich; der

Frosch selbst macht keine Anstrengungen mehr, sich zu befreien und auch sein Wehruf ist verstummt. Immer näher rücken für ihn die Todespforten, bald sind nur die äußersten Zehenspitzen der weit nach vorne ausgestreckten Vorderbeine zu sehen; noch ein dumpfer, halberstickter Laut des Frosches und er ist im Rachen und Leibe der Natter verschwunden und gleitet immer mehr in deren Leib hinein. In Betracht der weit bedeutenderen Breite eines großen Wasserfrosches im Verhältnis zur Schlange ist eigentlich diese Schlingleistung zum mindesten ebenso staunenswert, als wenn eine riesige Boa ein Kaninchen verschlingt. Die Schlange ist aber trotz dieser gewaltigen Muskelanstrengung und Rachenausdehnung gar nicht ermüdet; nachdem sie durch entsprechende Bewegungen das verschlungene Tier immer weiter nach rückwärts geschoben und in gähnenden Bewegungen die Kiefer wieder eingerichtet hat, ist sie auch schon wieder zu neuem Fange bereit und kann man so in der Gefangenschaft gesunde Tiere eine ganz erkleckliche Zahl von Fröschen nacheinander einfangen und verschlingen sehen.

Glatter und rascher geht das Verschlingen der Fische bei der Würfelnatter vonstatten, da diese Nattern meistens nur kleine Weißfischchen erjagen und die Spindelform der Fische das Hinabwürgen erleichtert. Es heißt, daß die Würfelnatter den erbeuteten Fisch nur immer mit dem Kopfe voran verschlingt; ich kann aber bestimmt behaupten, daß ich oft genug auch das Gegenteil beobachtet habe. Hat die Natter einen Fisch am Kopfe oder Bauche erwischt, so schwimmt sie, den Fisch über Wasser haltend, ans Land und geht nun an das Verschlingen desselben, was bald geschehen ist, worauf sie sich sofort zu neuer Fischjagd ins Wasser begibt; sie kann so an 30 Weißfischchen nacheinander einfangen und verschlingen. Wo der Fischreichtum nicht so groß ist, sieht man die Würfelnatter die Verstecke unter den Steinen absuchen oder von einem passenden Schlupfwinkel aus auf Fische lauern.

Wieder ganz anders bewältigt die Schlingnatter ihre Beute, für die besonders Eidechsen in Betracht kommen. Im Freien wohl nur ganz zufällig, sehr leicht und oft aber an gefangenen Schlingnattern, denn diese Natter gehört zu den bereitwillig ans Futter gehenden Schlangen, kann man Zeuge eines solchen Kampfes zwischen Schlingnattern und Eidechsen sein. Kaum hat man in das Terrarium der Schling-nattern Zaun-, Berg- oder Mauereidechsen gebracht, so sind die Schlingnattern auch schon auf die willkommene Beute aufmerksam geworden und beginnen Umschau zu halten. Bald hat auch da und dort eine Schlingnatter eine Eidechse in jähem Ausholen erfaßt und in rascher Umschnürung den Leib der Eidechse auf das Engste gefesselt. So wird die gefangene Eidechse eine Zeitlang fest zusammengepreßt ge-halten; dann erst geht die Natter daran, den Kopf der Ei-dechse zu packen und die Eidechse mit dem Kopfe voran zu verschlingen; je weiter die Eidechse im Rachen der Schlange verschwindet, desto mehr löst diese die Fesseln und bald ist auch das letzte Stückchen des Eidechsenschweifes im Rachen der Natter verschwunden. Kaum ist so eine Eid-echse verschlungen, so geht die Natter auch schon auf einen zweiten Fang. Nicht immer aber geht die Jagd so glücklich aus. Zuweilen packt die gefangene Eidechse, besonders wenn es ein kräftigeres Tier ist und die Natter zu früh an das Verschlingen der noch nicht entkräfteten Eidechse schreitet, in dem Momente, da die Natter den Kopf der Eidechse packen will, ihrerseits die zufassende Natter an den Kiefern, oder die Eidechse wird des drohenden Angriffes seitens der Natter rechtzeitig gewahr, stellt sich zur Wehre, erwischt selbst die Natter und läßt nicht los; dann gibt die Natter den Ver-such, die Eidechse zu bewältigen, auf und ist froh, den fest-haltenden Kiefern der Eidechse zu entkommen.

Unsere größte und schmuckste heimische Schlange, die Äskulapnatter, zeigt sich auf ihrer Mäuse- und Eidechsen-jagd auch als die intelligenteste. Nur ganz selten sieht man

Äskulapnattern nach langem Fasten auf in ihre Käfige gebrachte Mäuse oder Eidechsen sofort losfahren und blinde
Jagd machen, wie dies Ringel- und Würfelnattern gewöhnlich tun; in der Regel schleichen sie ruhig, ihr Opfer scharf
im Auge, an das Beutetier heran und schnellen erst ganz
nahe gekommen, sicher zielend auf die Beute los. Scheint
ihnen die Stellung des Tieres für einen sicheren Fang nicht
geeignet genug, so ziehen sie sich behutsam zurück, um dem
Opfer von günstigerem Platze aus beizukommen. Die in
sicherem Ausholen fast immer ergriffene Maus oder Eidechse
wird sofort in raschen Windungen umknäuelt und mächtig
zusammengepreßt. Auch da zeigt sich das ganz andere Verhalten der Äskulapnattern in der Geduld und Vorsicht, mit
der sie den geeigneten Moment zum Verschlingen der gemachten Beute abzuwarten wissen, beim geringsten Zucken
ihres Opfers die schon gelockerten Fesseln wieder fester
schließen und erst dann die Pressung wieder aufgeben, wenn
sie sich durch wiederholtes Beschnuppern überzeugt haben,
daß das Opfer bereits tot ist. Nun wird das tote Tier beim
Kopfe gepackt und verschlungen.

Ziemlich rasch spielt sich Fang und Mord bei den Vipern ab. Ehe man es sich recht versehen hat, hat der Biß
auch schon die einer Viper nahe gekommene Maus getroffen,
bald beginnt diese zu taumeln, im Kreise sich zu drehen,
um dann nach wenigen Minuten tot zusammenzustürzen oder
in einen Winkel sich zurückziehend nach einer Weile zu verenden. Kreuzottern sind, auch wenn sie nicht daran denken,
ihre Opfer wirklich zu verschlingen, mit in größerer Zahl
in ihre Käfige gebrachten Mäusen bald fertig, während z. B.
Sandottern, wenn sie einmal mehrere Mäuse getötet und verschlungen haben, den anderen Mäusen bis zu einer späteren
Jagd meist das Leben lassen.

So gefräßig sich Lurche und Kriechtiere zeigen, wenn
sich Gelegenheit zu reichem Fang bietet, so lange sind sie
andererseits imstande, zu fasten. Dies gilt besonders von

Schlangen. Ich will da zweier besonders auffallender Fälle
gedenken. Am 11. Juli des Vorjahres erhielt ich eine Äskulapnatter, einige Tage darauf eine Ursinische Viper; beide
Schlangen gingen nicht ans Futter, die Ursinische Viper blieb
überdies den Winter über wach; trotzdem ging die Äskulapnatter erst am 21., die Viper am 24. April dieses Jahres ein.

Anderer Art, als diese Kämpfe zwischen jagenden Lurchen und Kriechtieren und ihren Opfern sind die mancherlei
Kämpfe, wie sie sich zwischen den Eidechsenmännchen zur
Paarungszeit und auch später noch abspielen, wobei sie sehr
erregt übereinander herfallen, einander verfolgen, sich grim-
mige Zweikämpfe liefern. Wiederholt bin ich Zeuge solcher
erbitterter Zweikämpfe zwischen erwachsenen Männchen der
grünen Eidechse im Freien und in der Gefangenschaft gewesen. Einst war ich in der Umgebung Wiens an einer Stelle,
auf der ich schon wiederholt Gottesanbeterinnen erbeutet
hatte, auf der Suche nach diesen grünen Insekten, die sich
dem Blicke so gut zu entziehen wissen. Da läßt mich ein
derbes Rascheln weiterhin nach dem Gebüsche blicken und
ich sehe zwei Männchen der grünen Eidechse mit prächtig
blauer Kehle miteinander im Kampfe. Solch regelrechten anhaltenden Kampf nach der Fortpflanzungszeit, es war im August,
hatte ich an freilebenden Tieren noch nicht gesehen. Mit
dem Vorderkörper hoch aufgerichtet, standen sie sich, mit
einem Grimm, der sie ihre Umgebung ganz vergessen ließ,
einander gegenüber und stürzten dann mit geöffnetem Munde
aufeinander los. Jeder suchte den anderen durch rasche
Bogenwendungen zu überrumpeln und ihn seinerseits von
rückwärts anzugreifen. Daß sie bei solchen Kämpfen sich
gegenseitig in den Schwanz kneipen, diesen auch abbeißen,
hatte ich oft gesehen, nicht aber, wie hier, daß der eine
den Hinterkopf des anderen mit seinen Kiefern umspannte
und mit aller Gewalt zusammenpreßte. Sowie einer den anderen losließ, standen sie sich schon wieder wütend gegenüber. Einer war ersichtlich der stärkere; die Art, wie er

seinen Gegner betrachtete, wie er seinen Kopf zum Ausholen nach rechts oder links zurückbog und den Hals aufblähte, um dann mit allem Kraftaufwand von neuem über seinen Gegner herzufallen, ließ unwillkürlich den Vergleich mit einem kämpfenden Stier aufkommen. Über eine halbe Stunde mochte in diesem heftigen Ringen vergangen sein, ohne daß es dem stärkeren gelungen wäre, seinen schwächeren Gegner ganz aus dem Felde zu schlagen. Da fiel plötzlich eine Heuschrecke schnarrend aus dem Felde ein und sofort stürzte das stärkere Männchen über diese her, während sein Gegner die vielleicht willkommene Gelegenheit benutzte, sich davonzumachen.

Abgesehen davon, daß auch heute noch, was der Lurch- und Kriechwelt angehört, ob gefährlich oder harmlos, schädlich oder nützlich, von Menschen fast allgemein verfolgt und vernichtet wird, haben die Lurche und Kriechtiere in der Tierwelt selbst zahlreiche Feinde.

Den Echsen erstehen die eifrigsten Feinde aus der Reptilienklasse selbst. Vor allem ist es unter den heimischen Kriechtieren die Schlingnatter, welche eifrig hinter Eidechsen und Blindschleichen her ist und auch die Äskulapnatter, die Ursinische Viper, die Kreuzotter stellen Eidechsen nach. Von Ringelnattern, die ich in jahrelangen Beobachtungen unter verschiedensten Verhältnissen nie Echsen verzehren sah, scheinen mehr abseits vom Wasser in trockenen Wäldern lebende Tiere, auch Eidechsen nachzugehen. Dann sind es die großen Eidechsen selbst, wie die grüne Eidechse und die Zauneidechse, die jüngeren und schwächeren Eidechsen gefährlich werden. Fleißige Eidechsenverfolger stellt weiters die Welt der Raubvögel, unter welchen der Schreiadler, der Zwergadler, der Schlangenbussard, die Kornweihe, die Königsweihe als solche besonders zu nennen sind. Von anderen Vogelarten machen Würger, Kolkrabe, Krähen, Blaurake, Fischreiher, Storch, Rohrdrommel, Haushühner, Pfauen, Enten auf Eidechsen, wo sie auf solche stoßen,

Jagd. Aber auch unter den Säugetieren gibt es Eidechsenjäger; Haus- und Steinmarder, Wiesel, Frettchen, Iltis, Hermelin, Dachs, Fuchs, Hamster, Wasserratte werden, wo ihnen
eine Eidechse in den Weg kommt, dieselbe nicht unange-
griffen lassen.

Fast alle Eidechsenjäger der Tierwelt sind auch hinter
Schlangen her und einige obliegen der Schlangenjagd mit
ganz besonderem Eifer, was ganz besonders vom Storch und
Schlangenbussard gilt. Letzterer zeigt sich bei solchem
Schlangenfang ganz besonders geschickt. Wenn ich meinen
Schlangenbussarden zeitweise außer anderer Kost eine erwachsene Ringelnatter oder andere Schlange vorwarf, dann
stürzten sie mit wahrem Freudengeschrei auf die Schlange.
Im Nu hatte einer der Vögel die Natter mit dem einen Fange
im Genick, mit dem anderen etwa in der Mitte des Leibes
erfaßt und ihr am Halse eine tödliche Wunde beigebracht
und bald darauf befand sich der Kopf der Natter auch schon
im Rachen des Vogels und verschwand die Schlange trotz
ihrer noch lebhaften Windungen im Schlunde des Bussards.

Man sollte glauben, daß wenigstens die Giftschlangen
gegen Feinde gefeit wären. Aber auch sie haben sehr mutige,
geschickte Widersacher. Als solche siegreiche Jäger unserer
heimischen Vipern sind außer dem in dieser Richtung viel-
genannten Igel der Iltis, das Frettchen, das Wiesel, das Hermelin, unter den Vögeln besonders der Eichelheher bekannt.
Heute, da man weiß, daß fortgesetzte Einwirkung von Giften
den Organismus nach und nach für ein gewisses Gift immun
machen kann, erscheint es uns wahrscheinlicher, daß ein
Igel, wenn er überhaupt bei der unglaublichen Fertigkeit
und Raschheit, mit der er die Viper kampfunfähig zu machen
weiß, gebissen wird, an solchem Giftbiß nicht zugrunde geht.
Er scheint eben in jahrhundertlangem Kampfe mit der Kreuzotter in der Tat gegen ihr Gift immun zu sein. Dagegen
kann ich aus wiederholter Beobachtung bestätigen, daß Igel,
die zufällig einen Feuersalamander gebissen hatten, erkrank-

ten und eingingen. Nicht weniger erfolgreich im Kampfe mit der Kreuzotter ist der Eichelheher, der in jähen Schnabelhieben der Viper den Kopf zermalmt hat, ehe sie zum Bisse ausholen kann.

Und fast alle Kriechtierfresser sind auch Lurchfresser. Vor allem sind da unter den Vögeln Zwerg- und Rohrdommel, Storch, Fischreiher, Enten, Milane, Wiesen-, Korn- und Rohrweihe, Fischadler, Wespenbussard, Schlangen- und Mäusebussard, Zwerg- und Schreiadler, die Sumpfeule, die Trappe, der Kranich, Blaurake, Krähen, Kolkrabe, Dohle, Elster, von Säugetieren Wasserratte, Wasserspitzmaus, Fischotter, Dachs, Wiesel, Hermelin, Frettchen, Iltis, Steinmarder zu nennen, die besonders Tau- und andere Braunfrösche, Wasserfrösche, manche von ihnen aber auch Kröten und Unken als willkommene Nahrung annehmen.

Auch unter den Fischen gibt es fleißige Lurchfänger. Den erst aus der Eihülle geschlüpften Larven der Froschlurche und Tritonen stellen wohl alle die Fische unserer stehenden Gewässer nach, aber Hechte, Forellen und Aale wagen sich auch an die fertigen Frösche. Unseren Tritonen können auch die großen Schlammschnecken gefährlich werden, die man wiederholt in Aquarien kleinere Molche angehen sah.

Sehr groß ist die Zahl der kleinen und kleinsten Feinde der Lurche und Kriechtiere. Schlangen und Eidechsen sind oft über und über von blutsaugenden Zeckenmilben besetzt. Die Goldfliege legt ihre Eier nicht selten in die Nasenlöcher von Kröten ab, deren Gesicht nach und nach von den Maden ausgefressen wird. Verschiedenste Würmer leben zeitlebens in Lurchen und Kriechtieren; für andere sind sie die Zwischenwirte. So schmarotzt der Fadenwurm Hedruris androphora Creplin, aus der Familie der Filariidae, an der Magenwand des Kammmolches und der Rotbauchunke; andere Fadenwürmer (Oxysoma, Nematoxys), aus der Familie der Acaridae, leben im Darm verschiedener Lurche parasitisch. Verschiedene Arten von Saugwürmern leben als Ektoparasiten in der Mund- und Rachenhöhle oder der Harnblase von Lurchen und Kriechtieren. Endoparasitisch leben verschiedene andere Saugwürmer in Fröschen, Kröten, Tritonen; so lebt Distomum endolobum, ein Verwandter des Leberegels, dessen erster Wirt die Schlammschnecke, für die Cercarien dann die Larve einer Eintagsfliege oder eines anderen Wasserinsektes ist, in Fröschen.

Allen Feinden der Lurche und Kriechtiere läuft aber der Mensch den Rang ab, der, von den Fröschen abgesehen, welche die schmackhaften Froschschenkel auf die Tafel liefern, alle Lurche und Kriechtiere, mit Ausnahme des Laubfrosches etwa, wo er ihrer ansichtig wird, vertilgt. Die Hunderte und Hunderte erschlagener Froschlurche, wie wir sie alljährlich zur Laichzeit an den Ufern der stehenden Gewässer

Abb. 39. Maden der Goldfliege im Kopfe einer lebenden Erdkröte.

finden, bezeugen, daß naturgeschichtlicher Unterricht auch die Jugend von heute nicht des Besseren zu belehren vermochte. Und wie anderen Ortes übertriebener Sammeleifer die seltenen Arten immer mehr ausrottet, haben die Terrarienliebhaber schon in den letzten Jahren zu verspüren bekommen, indem sie nicht nur in der Heimat einzelner Arten immer seltener habhaft wurden, sondern auch aus reich mit Reptilien bedachten Gebieten, wie es Istrien, Dalmatien, Herzegowina, Bosnien zu Beginn der heutigen Terrarienliebhaberei waren, einzelne Arten — es sei da nur die liebenswürdigste Natter, die Vierstreifennatter, erwähnt, — nur sehr schwer mehr beschaffen können.

So allgemeine Verfolgung, der auch in den sogenannten
Kulturländern die Lurche und Kriechtiere immer noch ausgesetzt sind, ließe glauben, daß alle diese Tiere ausnahmslos gefährliche, schädliche Tiere sind. Und doch läßt sich
eigentlich, wenn man von den bei uns denn doch spärlich
vertretenen Giftschlangen absieht, von einem besonderen
Schaden nicht sprechen. Gewiß ist es, daß Eidechsen,
Frösche, Kröten, Land- und Wassermolche durch massen-
hafte Vertilgung von schädlichen Insekten — freilich laufen
auch nützliche mit unter —, Würmern, Nacktschnecken Nutzen
leisten. Seitens der englischen und belgischen Gärtner hat
man solchen unseren Gemüsegärten und Feldern durch fleißige Insektenvertilgung besonders seitens der Erdkröten ge-
leisteten Nutzen auch schon lange zu würdigen verstanden,
indem Erdkröten auf Märkten zum Verkaufe ausgeboten und
von Gärtnern dutzendweise in den Gärten gehalten werden.
Nützlich machen sich weiters auch die Mäusen nachjagen-
den Schlangenarten, dies sind besonders die Vipern und die
Äskulapnatter, indem es in erster Linie die Feldmäuse sind,
die da den Schlangen zum Opfer fallen; doch werden auch
Maulwürfe und Spitzmäuse eingefangen, was den Nutzen
wieder einigermaßen wettmacht. Den Fischen unserer Teiche
könnte hier und da die Sumpfschildkröte, die Würfelnatter,
die Ringelnatter gefährlich werden; auch dem Wasserfrosch
wird nachgesagt, daß er im Frühjahre in Ermanglung von
Weibchen Weißfische umarmt hält und so umbringt, überdies
der jungen Fischbrut nachstellt, der auch der Kammmolch
nachgeht.

# Herbstleben und Winterschlaf unserer heimischen Kriechtiere und Lurche.

(Unsere Lurche und Kriechtiere im Herbste. Verspätete Verwandlung; überwinternde Larven. Rückzug in die Winterquartiere. Die spätesten Rückzügler. Widerstandsfähigkeit gegen Kälte. Der Winterschlaf im allgemeinen. Säkularschlaf. Phänologische Überschau über die Aufenthaltsorte und das Jahresleben unserer Lurche und Kriechtiere.)

Solange die warmen Nachsommertage noch andauern, wärmendes Sonnenlicht noch zahlreichen Insekten die kurze Lebensfrist hinausschiebt und so unsere Frösche, Kröten, Echsen und Schlangen Nahrung noch in zureichender Menge vorfinden, führen unsere heimischen Lurche und Kriechtiere ihr Sommerleben fort. Werden aber allmählich die Tage immer kürzer, trüber, die Nächte rauher, ist es mit der Lebensherrlichkeit all der gaukelnden Falter, schwirrenden Käfer, schwebenden Fliegen, schnarrenden und zirpenden Heuschrecken und mit ihnen und anderen Kleintieren auch mit dem Nahrungsquell unserer Lurche und Kriechtiere zu Ende, dann wird auch die Zahl der Frösche, Kröten, Molche, Eidechsen und Schlangen, die wir im Freien treffen, kleiner und kleiner. Es ist auch hier, wie bei unseren Zugvögeln, die mit Eintritt des Herbstes fernen, wärmeren Landgebieten zufliegen, nicht so sehr die Kälte an sich, als der in ihrem

Gefolge sich einstellende Nahrungsmangel, der unsere Lurche und Kriechtiere zum Rückzug treibt.

Je nach den Witterungsverhältnissen tritt dieser periodische Wechsel im Leben unserer wechselwarmen Kaltblüter, dieser Übergang aus einem frischlebigen Sommerdasein in den Ruhezustand des Winterlebens früher oder später ein. Oft genug werden die Lurchlarven im Wasser überrascht und müssen sich dazu bequemen, im Larvenzustande zu überwintern, wie dies besonders bei dem spät aus Laichen gehenden Wasserfrosch und der zwar früh schon sich paarenden, aber langsam sich entwickelnden Knoblauchkröte der Fall ist. Die Riesenkaulquappen, die da der Lurchfänger im Frühjahre ganz erstaunt aus dem Wasser fischt, sind solche überwinterte Larven.

Der Kälte und dem Nahrungsmangel des Winters durch den Rückzug in wärmere Länder wie die Vögel zu entgehen, ist unseren Lurchen und Kriechtieren ebenso wenig möglich, wie den meisten Säugetieren. Da sie aber nicht, wie die Warmblüter, den Entgang an Außenwärme durch erhöhte Eigenwärme zu ersetzen vermögen, sind sie gezwungen, rechtzeitig geschützte Winterquartiere zu beziehen. In der Regel sind es die alten Tiere, welche zuerst die Winterquartiere aufsuchen und diese auch später verlassen, als die jungen Tiere.

Schon, wenn die ersten unfreundlichen Herbsttage sich einstellen, verbringen die Wasserfrösche die Nächte im Schlamme der stehenden Gewässer eingewühlt. Kommt dann eine ganze Reihe nebliger, trüber Tage, so kommen sie auch tagsüber aus dem Schlamm nicht herauf. Mitte Oktober dann sind die erwachsenen Wasserfrösche überhaupt nicht mehr zu sehen, sondern haben sich bereits tief in den Schlamm zur Winterruhe zurückgezogen; nur die jüngeren Tiere halten bis zu den ersten Frösten aus, ehe sie ihre Winterquartiere im Schlamm aufsuchen. Im Schlamme überwintern auch die Männchen der Moorfrösche und der Spring-

frösche und der Taufrosch. Auch Erdkröten, Laubfrösche
und Tritonen kann man zuweilen im Schlamme überwinternd
finden.

All die anderen Lurche und Kriechtiere verbringen den
Winter in passenden Verstecken auf dem Lande. Unter
Moos, abgefallenem Laub, Wurzelwerk, im Mulm der Baumstümpfe, unter Erdschollen, unter Steinen halten die Weibchen der Moorfrösche und Springfrösche Winterruhe, zu
der sie sich Ende Oktober begeben. Noch im September
bekommt man den Ruf des Laubfrosches zu hören, der dann
gegen den Spätherbst hin passende Erdlöcher, Baumhöh-
lungen, geschützte Verstecke in Mauer- und Baumspalten,
unter Laublagen, Steinen, in Dunghaufen aufsucht. Ende
September oder im Oktober, je nach der Witterung, die
Wechselkröte zuerst, ziehen sich die echten Kröten in ihre
Winterverstecke in Erdhöhlen, tiefen Sandhöhlen, Mauslöchern, unter Steinen, Baumwurzeln oder in selbstgegrabene
Höhlungen zurück. Im September schon gräbt sich die
Knoblauchkröte tief in den Boden zum Winterschlaf ein.
Unter Graspolstern, Baumwurzeln, Steinen, im Dung, in Erdhöhlen verschlafen die Unken den Winter. Sehr tief ver-
gräbt sich der Feßler zur Winterruhe in die Erde. Auch
die Landmolche ziehen sich tief in den Baummulm oder in
Erdhöhlen zurück. Unsere Tritonen überwintern an feuchten Orten, in Brunnen, Kellern, unter Laub, Baumwurzeln,
in Erdlöchern der Wasserufer.

Desgleichen suchen die Kriechtiere im Spätherbste, auch
hier die alten Tiere früher als die jungen, passende Verstecke
zum Winterschlaf auf. Die Eidechsen finden solche Verstecke
unter Moos, in hohlen Baumstümpfen, unter den Baumwurzeln, in Erdlöchern oder graben sich entsprechend lange und
breite Erdröhren, die sie von innen mit Gras und Erde
verstopfen. Ende Oktober verschwinden die Zaun- und
grünen Eidechsen, später je nach Vorkommen und Witterung die Berg- und Mauereidechsen. Die Blindschleichen,

die man schon anfangs Oktober immer seltener im Freien trifft, beginnen sich in der Mitte des Oktober in ihre Winterquartiere, selbstgebohrte, bis einen halben Meter tiefe, nach außen mit Erde und Gras verstopfte Röhren, zurückzuziehen; nach Leydig waren alle von ihm untersuchte Winterherbergen der Blindschleichen sehr gut gewählt, nach Süden gerichtet und gegen Nord- und Ostwinde gut geschützt. Unsere Ringelnattern, Würfelnattern und Äskulapnattern, letztere schon im September sich zurückziehend, beziehen mit Vorliebe Dung- und Komposthaufen für ihre Winterruhe oder überwintern in Erdhöhlungen, im Mulm der Baumstümpfe. In Maulwurfslöchern, Mauslöchern, hohlen Baumstümpfen, unter Baumwurzeln, in Stein- und Erdspalten überwintern unsere Vipern. Die Sumpfschildkröte gräbt sich im Oktober eine passende Winterhöhlung.

Diese verschiedenen Winterquartiere werden einzeln oder in Gesellschaft bezogen. Der Feßler, die Knoblauchkröte, die Sumpfschildkröte, die Eidechsen überwintern in der Regel einzeln, andere, wie z. B. die Erdkröte, Wechselkröte, Kreuzkröte, die Unken, Land- und Wassermolche, Nattern und Vipern gemeinsam in oft überraschend großer Zahl. So fand ich einmal tief im Mulm eines hohlen Baumstrunkes 21 Blindschleichen, 3 Schlingnattern, 6 Bergunken in tiefem Schlafe beisammen, ein anderes Mal in einer bei Weglegung eines großen Steines freigelegten tiefen Erdhöhlung 1 Taufrosch, 7 Männchen, 4 Weibchen der Erdkröte, 12 Wechselkröten, 2 Springfrösche, 9 Feuerbauchunken beisammen.

Am spätesten unter diesen Winterschläfern scheinen die Winterquartiere zu beziehen die Unken, die ich in manchem Jahre noch im November im Freien traf, der Taufrosch, der erst im spätesten Herbst in den Schlammboden der stehenden Gewässer sich zurückzieht, zuweilen aber auch unter Laub, Erdschollen oder in Erdhöhlungen überwintert, die Mauereidechse, die ich in Südtirol noch im Dezember im

Freien gesehen habe und die sich auch in Deutschland noch im November außerhalb ihrer Winterschlupfe herumtreibt, die Ringelnatter und die Kreuzotter, die man in milder Herbstzeit noch anfangs November finden kann.

Der Winterschlaf der meisten dieser Lurche und Kriechtiere ist auch nicht besonders tief. Man kann auf seinen Winterexkursionen im Dezember und Januar, also in der eigentlichsten Winterzeit, Eidechsen und Vipern an sonnighellen Tagen vor ihren Winterherbergen sich sonnen sehen. Überhaupt darf man sich die Lurche und Kriechtiere, wie ja schon der späte Rückzug einzelner Arten in ihre Winterquartiere dartut, gegen Kälte nicht zu empfindlich denken. Schwacher Frost von 2—4º C schadet ihnen wenig. Fertige Frösche und Kröten, nicht aber Kaulquappen, überstehen sogar das Einfrieren.

Jedenfalls haben wir in dem Winterschlaf unserer Lurche und Kriechtiere einen in jahrtausendelanger Anpassung erworbenen, länger oder kürzer andauernden Ruhezustand dieser Tiere zu erblicken, während dessen die Lebenstätigkeit auf ein Minimum reduziert wird, so daß die im Körper angesammelten Nahrungsstoffe hinreichen, solch passives Leben über den Winter zu fristen. Und jedenfalls sagt den Tieren diese alljährlich wiederkehrende Winterruhe zu, hat sich ihr ganzer Organismus solcher Ruhe angepaßt und mag es daher auch in Gefangenschaft gehaltenen Lurchen und Kriechtieren gegenüber richtiger sein, sie Winterschlaf halten zu lassen, als sie in geheizten Terrarien über den Winter zu bringen. Wann die Winterruhe bei den verschiedenen Arten eintritt und wieder zu Ende ist, das ist nicht bei allen Arten gleich. In verschiedenem Vorkommen und Aufenthalt, verschiedener Lebensweise und verschiedener Anpassung ist der einen Art eine höhere, der anderen Art eine minder hohe Temperatur die zuträglichste geworden, hängt also die Neigung, in den Zustand der Winterruhe zu verfallen, davon ab, wie weit die Außentemperatur unter dieses Optimum gesunken ist. Daß die immer wieder auftauchenden Gerüchte über in hohlen Steinen von der Außenwelt völlig abgeschlossene Kröten, die in ihrem Kerker jahrhundertelang zu existieren vermochten, zum Teile überhaupt keinen Glauben verdienen, zum Teile auf Funde von Kröten zurückzuführen sind, die irgendwie in tiefe Steinlöcher geraten sind und hier von oben her zeitweise allerlei lebendes Kleingetier als Nahrung zugeführt erhielten und so weiter leben konnten, bedarf wohl keiner besonderen Versicherung.

So knapp wir uns bei dieser Schilderung des Jahreslebens unserer heimischen Lurche und Kriechtiere von der Jahreszeit an, da sie ihre Winterquartiere verlassen, bis zu den Tagen des Wiederbeginns ihrer Winterruhe halten mußten, so mag der Leser doch immerhin ein klares Bild gewonnen haben, wie bei unseren einzelnen Lurch- und Kriechtierarten der Jahreskreislauf ihres Lebens sich abspielt, wo zu gewissen Zeiten diese und jene Art am besten zu finden sein wird, wo diese Tiere ihr erstes Jugendleben verbringen. Es mag da ein **phänologischer Rückblick**, eine Zusammenstellung der Fundorte unserer heimischen Lurche und Kriechtiere und der Zeiten ihres Erscheinens, ihres Liebeslebens, des Eierlegens und Erscheinens der Jungen, ihres Winterrückzuges, die auf erschöpfende Vollständigkeit keinen Anspruch macht, am Platze sein. Er gilt dem Anfänger auf dem Gebiete der Lurch- und Kriechtierkunde, dem es an der Hand solcher Anleitung nicht schwer fallen wird, dem Leben unserer Lurche und Kriechtiere nachzugehen und diese Angaben allein oder im Vereine mit anderen zu vervollständigen.

Zweimal im Jahre hat der Lurch- und Reptilienfreund beste Gelegenheit, Lurche und Kriechtiere in größerer Zahl beisammen zu finden, zur Winterszeit, wenn er sie in den eben besprochenen Winterquartieren aufsucht, und im Frühlinge, zur Paarungszeit, während deren er unsere Lurche und Kriechtiere in vollem Farbenschmucke zur Fortpflanzung

Ringelnatter (oben) und Würfelnatter (unten).

sich zusammenfinden sieht. Besonders für die Lurche kommt diese Laichzeit ganz besonders in Betracht, da gewisse sekundär geschlechtliche Merkmale, wie die Brunstschwielen der Froschlurchmännchen, die Hochzeitskämme, Zehensäume der männlichen Tritonen nur zu dieser Zeit auftreten und man nur während der Laichzeit sicher sein kann, gewissen Lurcharten, die sich, wie z. B. die Knoblauchkröte, die übrige Jahreszeit über sehr versteckt halten, zu begegnen. Die Sümpfe, Teiche, Weiher, Seebuchten, toten Flußarme, Wassergräben, kleinen und großen Tümpel, Lachen, überhaupt alle mit Wasserpflanzen bestandenen stehenden Gewässer und versumpfenden Ufer fließenden Gewässers, im Gebirge sogar die Brunnentröge der Almen sind da die Fundorte für unsere laichenden Lurche und auch die Bäume, Sträucher, das Röhricht und Graswerk der Uferumgebung, die flachen Steine, Bretter, Erd- und Baumlöcher sind um diese Jahreszeit nach sich bergenden Lurchen zu untersuchen. Ist die Zeit der Minne, während deren besonders die sehr erregten Froschlurche für ihre Umgebung fast teilnahmslos sind, vorbei und treten wieder die Sorgen um den Nahrungserwerb, um geschützte Aufenthalte in den Vordergrund, dann haben wir die Vertreter unserer heimischen Lurch- und Kriechtierfauna je nach ihrer verschiedenen Lebensweise verschiedensten Ortes aufzusuchen. In den großen stehenden Gewässern der Niederungen und dort, wo sich die Flußufer zu seeartigen Ausbreitungen erweitern, finden wir den Seefrosch, ebenda und in allen anderen größeren, reicher bepflanzten stehenden Gewässern den Wasserfrosch in seinen beiden anderen Formen, an den seichteren Stellen der größeren Sümpfe, Seen, Teiche, Weiher und in allem kleineren stehenden Gewässer in der Ebene und gegen das Gebirge hin die Rotbauchunke, im Gebirge die Gelbbauchunke. In den stehenden Gewässern finden wir auch nach der Laichzeit noch außer den Kaulquappen unserer Froschlurche und den Molchlarven die Tritonen, hier und da das eine und andere Exemplar eines

unserer Braunfrösche. Im und am Wasser hält sich die
Ringelnatter und die Würfelnatter, letztere besonders in fischreichen Bächen und Flüssen. Die Wassernähe, feuchten
Aufenthalt überhaupt liebt der Moorfrosch, den wir im Sumpf-
und Moorland, auf sumpfigen Wiesen, in feuchten Wäldern
finden, der Laubfrosch, der sich im Gesträuch, auf den Bäumen, im Schilf und Graswuchs in der Wasserumgebung aufhält. Auch die Erdkröte, die wir unter Baumwurzeln, Gebüsch, Stauden, in Baumstümpfen, in altem Mauerwerk, in
Erdlöchern, unter Steinen oder sonst in einem dunklen Winkel
in Wald und Feld aufstöbern, und die an ähnlichen Stellen,
besonders unter Bottichen oder in den Löchern und Ritzen
der Feld- und Wassergräben sich aufhaltende Wechsel- und
Kreuzkröte lieben feuchteren Aufenthalt. Auf den Wiesen
und im Grase der feuchteren Wälder treibt sich der Springfrosch herum, ebenda, wo sie nicht den unmittelbaren Aufenthalt im und am Wasser vorzieht, die Ringelnatter. Recht
versteckt halten sich der Feßler, der im Schutt, in Steinhaufen, Erdlöchern, Mauerlücken, unter Baumwurzeln, sehr
gerne unter den Steinschwellen der Haustore Unterschlupf
sucht, und die ganz in den Boden sich einwühlende Knoblauchkröte. Mäßige Feuchte sagt der Blindschleiche zu,
die wir an Berglehnen, mit Kleinholz und Gesträuch bestanden, im abgefallenen Laube der Wälder, auf grasreichen
Wiesen am häufigsten finden. Der feuchte, schattige Laub-,
Fichten- und Tannenwald ist der Aufenthalt des Taufrosches,
unserer Landmolche, die sich unter Moos, im Baummulm,
in passenden Höhlungen unter Steinen aufhalten, wo sich
im Hochsommer auch das Wasser verlassende Tritonen ein-
finden, dann an sonnigeren Stellen auch der Aufenthalt der
Bergeidechse, für die außer dem feuchteren Wald, die feuchten Bergwiesen, die schattigen Abhänge, die Ufer an den
Gebirgsbächen, die Hochmoore erwünschte Wohngebiete
sind. Auch die Kreuzotter hält sich stellenweise an solches
feuchteres Terrain. Die weitaus größere Zahl unserer Kriech-

tierarten liebt aber den trockeneren Aufenthalt, reichliches Sonnenlicht. Die sonnigen Abhänge und Böschungen, mit Gebüsch und Krautwerk bestanden, die Feldränder in der Nähe von Steinhaufen, den hellen Waldrand, überall lockerer Boden als Vorbedingung, sind der Aufenthalt der Zauneidechse, während die grüne Eidechse sich an das noch sonnigere Weingelände, mit Geröll und Gestrüpp bestandene Feldplätze, die freien Waldschläge, buschige Lehnen, aufgelassene Steinbrüche hält und die Mauereidechse reich zerklüftetes Felsgestein, das alte Mauerwerk von Ruinen, Festungsmauern, Stadtmauern zum Aufenthalt wählt. An trockeneren Wald, steinige, mit Gebüsch bewachsene Abhänge, altes Mauerwerk, hohle, alte Bäume hält sich die Äskulapnatter. Die Kreuzotter, die überall, wo die Bergeidechse sich wohl fühlt, gleichfalls vorkommt, falls sie in solchen Gebieten nicht schon ausgerottet wurde, liebt auch die buschigen Abhänge, den von Heide und Kiefer bestandenen Sandboden, die reich mit Himbeer- und Brombeergesträuch bewachsenen Waldschläge. Überall dort, wo sich auch Eidechsen heimisch fühlen, besonders auf sonnigen, trockenen Gehängen, bebuschten, steinigen Anhöhen, hellen Waldschlägen, sandigen, mit Gestrüpp besetzten Hügeln, längs der mit allerlei Gesträuch bewachsenen Ufer von Bächen tritt die Schlingnatter auf. Auch die Viper liebt sonniges Steinland, Waldblößen, trockenes Feld- und Wiesengebiet mit Mauerwerk und Steinhaufen.

Man wird also so im Wasser die Larven der Froschlurche und Molche, den Wasserfrosch, die Unken, die erwachsenen Tritonen, die Ringel- und Würfelnatter, die Sumpfschildkröte, am Wasser den Wasserfrosch, Moorfrosch, Laubfrosch, andere Braunfrösche, die Landmolche und Tritonen, Unken, echten Kröten, die Ringelnatter und Würfelnatter, auf feuchten Waldwiesen Braunfrösche, Blindschleichen, Bergeidechsen, Molche, im feuchten, schattigen Wald Braunfrösche, Molche, Blindschleichen, Bergeidechsen, im offeneren, trockenen Wald Äskulapnattern, Schlingnattern, Kreuzottern, Zauneidechsen, auf den sonnigen Gehängen Schlingnattern, Kreuzottern, Zauneidechsen und grüne Eidechsen, Vipern, auf grasigen Ebenen grüne und Zauneidechsen, Blindschleichen, die Ursinische Viper, den Springfrosch am besten finden. Unter Baumwurzeln fahnde man nach Kröten, dem Feßler, Landmolchen, Tritonen, der grünen Eidechse, der Kreuzotter, unter großen flachen Steinen, Brettern, Baumrinde in raschem Umdrehen nach Erd-, Wechsel- und Kreuzkröten, Land- und Wassermolchen, kleinen Nattern, grünen Eidechsen, in Steinbrüchen nach den drei echten Kröten, dem Feßler, grünen Eidechsen, Ringelnattern, in zerklüftetem Felsgestein, altem Mauerwerk nach den echten Kröten, dem Feßler, der Mauereidechse, in Erdlöchern nach den drei Kröten, dem Feßler, Eidechsen, Vipern. Günstige Gelegenheit, verschiedene Lurche, die sich sonst versteckt halten, in größerer Zahl zu Gesicht zu bekommen, bietet sich nach warmen Gewitterregen; da kommen die Feuersalamander und Alpensalamander in Menge aus ihren Schlupfwinkeln hervor (ich habe vor sieben Jahren nach einem solchen Regen innerhalb zweier Stunden zwischen Purkersdorf und Gablitz bei Wien 72 Feuersalamander gefangen), Tritonen verlassen das Wasser und kriechen über die Wiesen, Erd-, Wechsel- und Kreuzkröten, Braunfrösche kommen aus allen Winkeln hervor, der Feßler, der sonst nur in der Dämmerung oder während der Nachtstunden aus seinen Schlupfen hervorkommt, kommt auf die Wege heraus. Herr K. Lankes, der um die Erforschung der Lurch- und Kriechtierfauna in der Umgebung von München verdiente Vorsitzende der „Isis" fand gelegentlich eines Pflingstausfluges nach dem Achensee in der Höhe der Erfurterhütte (etwa 1834 m hoch) nach einem Gewitter Dutzende von Alpentritons, die über Gras und Moos dahinkrochen.

Und wie der erfahrene Lurch- und Reptilienfreund in jahrelangen Exkursionen die einzelnen Arten unserer Fauna immer besser in ihren Aufenthaltsgebieten und Schlupfwin-

keln aufzufinden weiß, kennt er auch die phänologischen Verhältnisse des Lurch- und Kriechtierlebens, die Zeiten ihres
Erwachens aus dem Winterschlafe, ihrer Paarung, des Erscheinens der ersten Jungen, des Abschlusses der Metamorphose, des Rückzuges in die Winterquartiere, soweit da nicht
abnormale Witterung Verschiebungen eintreten läßt, ganz
genau. Im Februar schon stellt sich nach milden Wintern
der Taufrosch zum Laichen ein. In diesem Monate schon bis
in den April hin ist es Zeit, nach neotenischen Larven Umschau zu halten, die, ohne ihre Larvenform abgelegt zu haben,
bereits fortpflanzungsreif sich zeigen. Im März, wenn nicht
Nachwinterwetter anhält, geht der Taufrosch jedenfalls ans
Laichen, in der zweiten Hälfte des Monates meist auch die
Erdkröte und der Springfrosch. Ende des Monates erwachen
bei milderem Wetter auch die Berg- und Zauneidechsen,
Blindschleichen, Ringelnattern, Kreuzottern und stellenweise
geht auch die Knoblauchkröte schon ans Laichen. Der Alpentriton, nach ihm der Kammolch sind jedenfalls im Laichen
begriffen. Im April laichen, wenn die Witterung ungünstig
war, noch die Taufrösche, setzen die Alpentritons und der
Kammmolch das Laichen fort, beginnt jedenfalls die Knoblauchkröte zu laichen, geht der gemeine Teichmolch an die
Fortpflanzung, setzt der Feuersalamander Junge in den
Bächen ab, kommt die grüne Eidechse, die Sumpfschildkröte,
die Schlingnatter zum Vorschein, die Eidechsen und Schlangen
häuten sich, die Eidechsen, die in milden Frühlingen schon
im März in Paarung getroffen werden können, paaren sich
jetzt. Ende April geht die Wechselkröte und der Laubfrosch
ans Laichen. Im Mai laicht noch der gemeine Teichmolch,
die Wechselkröte und der Laubfrosch, Mitte Mai schreiten
die Kreuzkröte, die Rotbauchunke, etwas später der Wasserfrosch und die Bergunke zum Laichen. Im Hochgebirge
kann man aber an wetterrauhen Stellen auch den Taufrosch
noch beim Laichen treffen. Nach ungünstigem Vorfrühling
kommen die Eidechsen jetzt erst zur Paarung. Der Feuersala-

mander setzt noch weiter Junge ab. Ende Mai können schon
die ersten fertigen Erdkrötchen das Wasser verlassen und findet
man bereits Eidechseneier. Im Juni laichen noch der Wasserfrosch und die Bergunke. Auch jetzt noch kann man im
Hochgebirge stellenweise den Taufrosch beim Laichen treffen. Erdkröten, auch schon Taufrösche, in der zweiten Hälfte
des Monates, Springfrösche verlassen nach vollendeter Metamorphose das Wasser. Nach ungünstigen Frühlingsmonaten
kann man auch jetzt noch Eidechsen in Paarung treffen. Ende
des Monates legt die Zauneidechse, die grüne Eidechse und
die Mauereidechse die Eier ab; man kann aber nach sehr
milden, frühen Frühlingen schon jetzt Junge der Bergeidechse
auffinden. Im Juli haben Springfrösche, Wechselkröten,
Laubfrösche, in der zweiten Hälfte die ersten Wasserfrösche
und Knoblauchkröten ihre Metamorphose vollendet. Anfangs
des Monates legen noch Zauneidechsen, grüne Eidechsen,
Mauereidechsen Eier ab. Im Mulm und Dünger findet man
schon die Eier der Ringelnatter, Würfelnatter, Äskulapnatter.
Die jungen Bergeidechsen sind schon häufig zu sehen, Ende
des Monates auch schon junge Blindschleichen. Im August
ist der Feßler hier und da noch laichend zu treffen, gehen
weiter fertige Wechselkröten, Unken, Wasserfrösche und
Knoblauchkröten ans Land, werden die ersten Tritonen mit
ihrer Metamorphose fertig, legen die Ringel-, Würfel- und
Äskulapnattern weiter noch Eier, zeigen sich schon mehr
junge Blindschleichen und kann man auch schon junge
Schlingnattern und Kreuzottern zu sehen bekommen. Im
September vollenden die meisten Triton- und Feuersalamanderlarven ihre Verwandlung. Man findet noch immer frische
Natterneier, verspätete junge Blindschleichen, aber immer
häufiger junge Schlingnattern und Kreuzottern und auch
schon junge Ringel- und Würfelnattern. Die Wasserfrösche
verbringen kalte Nächte bereits im Schlamme. Ende des
Monates vergräbt sich die Knoblauchkröte zum Winterschlaf
und oft suchen auch schon die Wechselkröten die Winter-

quartiere auf. Im Oktober schlüpfen die Ringel-, Würfel- und Äskulapnattern aus, erscheinen verspätet auch noch junge Schlingnattern, ziehen sich die Wechsel-, Kreuz- und Erd- kröten in die Winterquartiere zurück. Mitte des Monates ver- schwinden die Blindschleichen, Ende des Monates die Zaun- und grünen Eidechsen und gräbt sich die Sumpfschildkröte ein. Im November kann man in milder Spätherbstzeit Berg- und Mauereidechsen noch im Freien sehen, länger noch die Unken und den am längsten aushaltenden Taufrosch. Im Wasser findet man jetzt und in den nächsten Wintermonaten Kaulquappen von Wasserfröschen, Knoblauchkröten und Tri- tonlarven, welche ihre Metamorphose nicht mehr beenden konnten und nun im Larvenzustande überwintern. An son- nigen milden Wintertagen kann man den einen und anderen all dieser Winterschläfer, durch die wärmenden Sonnen- strahlen hervorgelockt vor der Winterherberge sich sonnend finden.

# Rückblick.

(Die geographische Verbreitung unserer heimischen Lurche und Kriechtiere. Tieflands-, Berg- und Hochgebirgsformen. Vorschreiten und Rückgehen einzelner Arten. Die Stellung der Lurche und Kriechtiere zueinander und zu den übrigen Wirbeltierklassen. Die Lurch- und Kriechtierwelt von einst. Zehentiere. Anamnia und Amniota. Das psychische Leben unserer Lurche und Kriechtiere.)

Wir haben für das hier in Betracht gezogene Gebiet von der Nordgrenze Deutschlands bis hinab an die deutsche Sprachgrenze Südtirols zweiunddreißig Vertreter der Lurche und Kriechtiere kennen gelernt: vier echte Frösche (Rana), einen Laubfrosch (Hyla), drei echte Kröten (Bufo), eine Froschkröte (Pelobates), zwei Unken (Bombinator), einen Feßler (Alytes), zwei Landmolche (Salamandra), vier Wassermolche (Molge), zusammen acht Gattungen mit 18 Arten von Lurchen und eine Sumpfschildkröte (Emys), vier Nattern (Tropidonotus 2, Coronella 1, Coluber 1), vier Vipern (Vipera), eine Schleiche (Anguis) und vier Eidechsen (Lacerta), zusammen sieben Gattungen mit 14 Arten von Kriechtieren. Von diesen Arten gehören zu den im ganzen Gebiete auf ihnen passendem Terrain verbreiteten Arten der Wasserfrosch, der ja mit Ausnahme des Nordens in ganz Europa

verbreitet ist, der Taufrosch, der mit Ausnahme des nörd-
lichsten Teiles und der südlichen Gebiete des Balkans ebenfalls fast in ganz Europa auftritt, die nur im äußersten Norden, auf Irland, Sardinien und Korsika fehlende Erdkröte,
die Wechselkröte, der nur im Norden und in Großbritannien
fehlende Laubfrosch, die Rotbauch- und Bergunke, der Feuersalamander, der nur in Dänemark, Skandinavien und Nord-
rußland fehlt, der nur im Norden, im südlichen Frankreich
und in Spanien und Portugal fehlende Kammmolch und der
dieselben Gebiete wie der Kammmolch bewohnende gemeine
Teichmolch; von Reptilien die in ganz Europa vertretene
Blindschleiche, die Zauneidechse, die in Europa nur dem
Süden fehlende Bergeidechse, die mit Ausnahme des äußersten Nordens in ganz Europa vorkommende Ringelnatter,
die Schlingnatter und die Kreuzotter. Schon sehr selten geworden ist die einst in ganz Ostdeutschland verbreitet gewesene
Sumpfschildkröte. Nur an den südlichen Grenzgebieten, in
Kärnten, in der Südsteiermark und in Südtirol tritt die Sand-
viper und nur in Südtirol und im Westen Deutschlands, im
Schwarzwald und in Lothringen, tritt in unserem Gebiete hier
die Viper auf. Auch die Ursinische Viper, deren Zentralherd
nach Méhely die große ungarische Tiefebene ist, kommt für
unser Gebiet hier nur aus Niederösterreich in Betracht. Vom
Springfrosch, der vor 15 Jahren nur von einigen wenigen
Fundorten bekannt war, sind seither verschiedene andere
Fundorte bekannt geworden, die Boulenger in seinem Werke:
„The tailless Batrachians of Europe" mitteilt und die Wolterstorff noch weiter durch Angaben über das Auftreten des
Springfrosches in der Umgebung von München, wo ihn Lankes und andere Mitglieder der „Isis" in wiederholten Funden nachwiesen, in der Umgebung von Frankfurt a. M., wo
ihn Professor Böttger an mehreren Stellen vorgefunden hat,
aus der Umgebung von Linz und aus anderen Gebieten Niederösterreichs vervollständigte; in Niederösterreich ist der
Springfrosch ziemlich häufig und auch aus Kärnten und

Steiermark ist sein Vorkommen bekannt geworden; ob es sich da um einen Rückgang dieses schönen Braunfrosches, wie Leydig annimmt oder, wie Wolterstorff glaubte, um ein Vorrücken handelt, wird erst festzustellen sein; jedenfalls ist der Springfrosch vom Südosten und Südwesten in unser Gebiet eingewandert. Die Wechselkröte scheint in den Alpen zu fehlen. Der Feßler ist eine westeuropäische Art, in unserem Gebiete auf die Rheinlande, Westfalen, das Weser- und Leinebergland und den südlichen Harz beschränkt. Die grüne Eidechse fehlt im eigentlichen Alpengebiete, tritt in Niederösterreich und Mähren im Weingebiete, in den südlichen Abhängen bei Passau, vereinzelt am Ober- und Mittelrhein und in Brandenburg, Pommern und Posen auf, in den letztgenannten Gebieten, wie die einen meinen, eingeschleppt, vielleicht aber doch über die March und Oder bis Oderberg hin eingewandert. Die Mauereidechse tritt in den Reichslanden, Württemberg, Baden, Hessen, dann südlich von der Donau in Niederösterreich, Steiermark, Kärnten und Tirol auf, fehlt aber den nordwestdeutschen Berglanden und wohl dem ganzen östlichen Deutschland. Sehr sporadisch ist das Vorkommen der Würfelnatter, die am Mittelrhein, in einem kleinen Teile des südwestlichen Rheinpreußens und Nassaus, in ganz Deutschösterreich mit Ausnahme Oberösterreichs und Salzburgs vorkommt. Die Äskulapnatter, die ich aus den Waldgebieten Niederösterreichs südlich der Donau, aus Oberösterreich, Kärnten, Tirol, Steiermark, Mähren kenne, tritt in Deutschland in Bayern (an der österreichischen Grenze) und im Taunus (Schlangenbad) auf. Formen der Ebene sind der Seefrosch, der nach Wolterstorff von der Wolga bis Kreuznach neben der typischen Form des Wasserfrosches auftritt, der Moorfrosch, der den Kulturboden zu meiden scheint, aber noch bis 150 Meter Höhe ins Hügelland vorrückt, der Kammmolch, der rauhes Bergland meidet, die Rotbauchunke, die aber auch noch, wie der Moorfrosch im Hügellande bis zu 150 Meter Höhe auftritt, die Wechselkröte, die aber im Jura auch noch im Gebirge zu finden ist. In der Ebene und im Gebirge finden wir die Blindschleiche, die Zauneidechse, die Mauereidechse, die Ringelnatter und Würfelnatter, die Kreuzotter und Ursinische Viper, die Schlingnatter. Ausgesprochene Gebirgsformen sind der Alpentriton, der Feuersalamander, der Alpensalamander. Sowohl Lurche als Kriechtiere findet man auch noch im Hochgebirge. Schon die Erdkröte ist noch in bedeutenden Höhen zu finden. Feuersalamander gehen über 1000 m im Gebirge vor, Äskulapnattern findet man noch in Höhen von 1600 m, Bergunken 1700 m hoch, Alpensalamander und Alpentritons in Höhen von über 1800 m, Taufrösche, Zauneidechsen, Ringelnattern noch in Höhen von 2000 m und darüber. So hoch geht auch die Sandviper im Gebirge vor; Vipern sind noch in Höhen von über 2100 Meter gefunden worden. Am weitesten rückt die Kreuzotter, die man in Höhen über 2300 m gefunden hat, und die Bergeidechse, die noch für Höhen von über 2900 m genannt wird, im Gebirge vor.

Von vorübergehenden Veränderungen, wie sie zeitweise durch anhaltende Dürre, die die Wasserbewohner zur Auswanderung zwingt, Trockenlegung von Teichen behufs Reinigungsarbeiten verursacht wird, abgesehen, hat unsere Lurch- und Kriechtierfauna im Laufe der Jahre mannigfache Veränderungen erfahren. Jeder Lurch- und Kriechtierkenner, der auf langjährige Durchforschung verschiedener Gebiete zurückblicken kann, ist da in der Lage, mehr oder minder auffällige Beispiele des Zurückweichens und Seltenerwerdens einzelner Arten mitzuteilen. Wie rasch sich solche Veränderungen vollziehen, möge ein Beispiel für viele dartun. Es ist nicht viel über zehn Jahre her, seit unser unermüdlicher Amphibiologe Dr. Wolterstorff seine Schrift: „Die Reptilien und Amphibien der nordwestdeutschen Berglande" veröffentlicht hat. In dieser faunistischen Schrift schildert der bekannte Lurch- und Reptilienforscher Dr. P. Krefft in Bearbeitung der Lokalfauna der Umgebung von Braunschweig das

Querumer Holz und dessen Umgebung als ein wahres El-
dorado für den sammelnden Lurch- und Kriechtierfreund.
Wie haben aber seither wirtschaftliche Anlagen, die alle Bäche
verpestenden Abwässer der zahlreich enstandenen Zuckerfa-
briken und Kaliwerke, die Anlage des neuen Wasserwerkes
die Fauna und Flora dieses Gebietes zurückgedrängt. Von
dem Dowesee, dem die Sage unergründliche Tiefe nachsagte,
ist nur mehr eine einzige wasserreiche Stelle vorhanden. Wo
einst Dr. Krefft, klagt K. Stansch in der Wochenschrift für
Aquarien- und Terrarienkunde, auf dem verhältnismäßig kleinen Gebiete 12 Lurcharten und die Blindschleiche, die Bergeidechse, die Zauneidechse in der typischen Form und einer
hübschen Varietät nachweisen konnte, ist heute der Alpentriton, der Springfrosch, die Knoblauchkröte, die Erd-, Wech-
sel- und Kreuzkröte, die Unke verschwunden und noch schlim-
mer ist es um die Reptilienwelt bestellt und es droht jetzt
auch noch die Trockenlegung der prächtigen, erlenbewach-
senen Sumpfpartie zwischen dem Querumerholze und Bienen-
rode, der sogenannten Bastei. Und so verschwinden auch
anderswo, besonders in der Nähe der Großstädte, die anmutigen Sumpfauen, der Tummelplatz zahlreicher Lurche und
Kriechtiere. Was ist z. B. aus dem weltberühmten Prater,
diesem reichen Fundorte verschiedenster Wassertiere und
Wasserpflanzen in Wien in fortgesetzter Verbauung und „Ver-
schönerung" geworden! So verschwinden, wo die vordrin-
gende Kultur mit den stehenden Gewässern aufräumt, besonders die Wasserfrösche, die Unken, wo die moderne Nutz-
forst die hohlen Bäume, die Baumstümpfe beseitigt, die Landmolche mehr und mehr.

Es bedarf noch eifriger Untersuchungen, um sicher festzustellen, welche Arten im Vorschreiten, welche im Rück-
gange begriffen sind, welchen Ausgangsgebieten die eine oder
andere Art angehört, und um für einige Arten, wie den
Springfrosch, die Kreuzkröte, die Knoblauchkröte, den Feßler, die grüne Eidechse, die Würfelnatter, die Äskulapnatter

die Verbreitung genau zu konstatieren. Formen des Südens sind jedenfalls die Würfelnatter, die Äskulapnatter, die Mauereidechse, die grüne Eidechse, der Springfrosch, eine Form des Südens und Ostens die Sumpfschildkröte, Formen des Tieflandes, charakteristische Repräsentanten der weiten osteuropäischen Niederungen der Moorfrosch, der Seefrosch, die Rotbauchunke und die Knoblauchkröte, Formen des gemäßigten Westeuropa die Kreuzkröte, schon in der Provinz Sachsen die seltenste Kröte, der Feßler und der Fadenmolch, in Deutschland zu Bergformen geworden. Als östlicher Herkunft verrät sich der weit über Rußland verbreitete Kammmolch und gemeine Teichmolch, die beide gegen das Gebirge hin (obwohl man sie mit anderen Tritonen vergesellschaftet, noch in Höhen von über 1000 m vorfindet) immer seltener werden, aber in der Ebene allgemein vertreten sind. Wie solche faunistische und tiergeographische Untersuchungen und Feststellungen vorzunehmen sind, hat Wolterstorff in zahlreichen faunistischen Abhandlungen, besonders in den Arbeiten: „Die Reptilien und Amphibien der nordwestdeutschen Berglande" und „Beiträge zur Fauna der Tucheler Heide", mustergültig gezeigt, wie dies für andere Gebiete Dr. Fr. Werner getan hat. Eine ernste Aufgabe der faunistischen Erforschung und Feststellung der Fundorte für die Lurch- und Kriechtierarten einzelner Gebiete fällt den immer zahlreicher entstehenden Vereinen für Aquarien- und Terrarienliebhaberei und volkstümliche Naturkunde zu. Die Münchener „Isis", der die Feststellung des Vorkommens der Knoblauchkröte, des Springfrosches in der Umgebung von München, weiterer Fundorte der Kreuzkröte, Untersuchungen über das Vorkommen des Fadenmolches in Südbayern zu danken sind, ist da mit lobenswertem Beispiele vorangegangen und ebenso haben sich andere Vereine, es seien da nur der „Humboldt" und die „Salvinia" in Hamburg, die „Sagittaria" in Köln, der Berliner „Triton", die „Vereinigung der Aquarien- und Terrarienfreunde" in Frankfurt a. M. genannt, um faunistische Richtigstellungen verdient gemacht.

Lange hat man die Lurche und Kriechtiere in einer einzigen Tierklasse vereinigt und diese bald „Amphibien", bald „Reptilien" genannt. Obwohl schon H. D. de Blainville (1816) die Kriechtiere als „Vogelähnliche" (Ornithoides) von den Lurchen abgetrennt hat, finden wir noch vor nicht vierzig Jahren bei Rößmäßler, dessen naturwahre Schilderungen noch heute in den Kreisen der Naturliebhaberei guten Klang haben, in dem Buche: „Die Tiere des Waldes" (1864) die Amphibien und Reptilien als „Lurche" vereint. Huxley wieder hat die Wirbeltiere in drei Hauptklassen eingeteilt, deren eine die Säugetiere, die zweite die Echsenartigen (Sauropsidae), die Vögel und Kriechtiere vereinigend, die dritte die Fischähnlichen (Ichthyopsidae), Lurche und Fische beisammen, bildeten. Trotz ersichtlicher Gründe beide Klassen auseinanderzuhalten, ist man auch heute gewohnt, Lurche und Kriechtiere in einem Atem zu nennen, immer wieder zusammen zu behandeln und, wenn man von Amphibiologie oder Herpetologie spricht, immer an beide Tierklassen zu denken. So mancher mag sich solchem langgewohnten Zusammenhalten beider Klassen gegenüber der großen Kluft, die zwischen Lurchen und Kriechtieren gähnt, gar nicht bewußt sein. Man muß in längstvergangene Erdenzeiten zurückgehen, um über die phylogenetischen Beziehungen zwischen beiden Klassen klar zu werden. Wie die neuesten paläontologischen Funde in den permischen Ablagerungen (Wichita Beds) von Texas dartun, unterscheiden sich die niedrigsten Vertreter der Reptilien, die Kotylosaurier, nur durch ganz wenige Merkmale von den ältesten Lurchen, den Stegocephalen. Lurche und Kriechtiere gehören eigentlich der Vergangenheit an, denn ihre Blütezeit ist lange vorbei. Es hat eine Zeit gegeben, in der die Lurche, die vor den Kriechtieren aufgetreten sind, und die Kriechtiere in der Tierwelt vorherrschten. Heute sind die Walsaurier (Ichthyosaurier), die einst unter den Reptilien die Rolle spielten, wie heute die Wale unter den Säugetieren, die Schwansaurier (Plesiosaurier), die Flugsaurier (Pterosaurier), die den Übergang von den Reptilien zu den Vögeln bildenden Riesensaurier (Dinosaurier) und andere Ordnungen noch, die in der Trias-, Jura- und Kreidezeit das große Wort sprachen, lange von der Erde verschwunden. Nur die Echsen, Schlangen, Panzerechsen und Brückenechsen haben sich aus dieser Kriechtierwelt in die Jetztzeit hereingerettet. Mit den

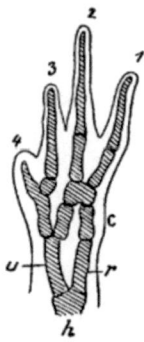 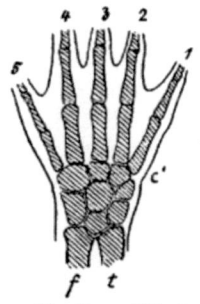

Abb. 40. Anlage des Arm- und Handskeletts eines Wassermolches.

Abb. 41. Fertige Gliederung des Fußskeletts eines Wassermolches.

1—5 Finger und Zehen, c Handwurzel, c' Fußwurzel, f Fibula, h Oberarmknochen, r Speiche, t Tibia, u Elle. Nach Goette.

Brückenechsen (Rhynchocephalia), heute durch eine einzige Art, die schon sehr selten gewordene neuseeländische Hatteria (Sphenodon punctatum) vertreten, ist uns aber eine uralte Reptilienform erhalten geblieben, welche in dem Mangel äußerer Kopulationsorgane an die Lurche erinnert, Merkmale der Eidechsen, Schildkröten, Plesiosaurier vereinigt und durch die Urbrückenechse im sächsischen Rotliegenden, das früheste, bekannt gewordene Reptil, dessen nächster Verwandter die heute noch lebende neuseeländische Brückenechse ist, zu den ursprünglichsten, ältesten, schon in der Steinkohlenformation auftretenden, den heutigen

Schwanzlurchen nahestehenden Urlurchen (Stegocephalen)
mit zwei Gelenkköpfen am Hinterkopf hinüberführt.

Die heutigen Lurche kann man mit den Kriechtieren,
Vögeln und Säugetieren, den Fischen (Flossentiere, Pinnata)
als Zehentiere (Digitata), als mit Lungen und Zehenglied-
maßen versehene, in der Regel außerhalb des Wassers lebende Wirbeltiere gegenüberstellen. Die Zehentiere erscheinen dem Landleben angepaßt, wenn auch einerseits die
Lungenfische einen Übergang zu den Landtieren herstellen
und andererseits die niederst stehenden Vertreter der Lurche
zu den Fischen hinüberführen, die Grenze also keine scharfe
ist. Goette stellt den Gegensatz der zweierlei Anpassungen
bei Fischen und Zehentieren und die Fortschritte der Entwicklung folgendermaßen tabellarisch zusammen:

|  | Fische | Zehentiere |
| --- | --- | --- |
| Haut | ohne Hornschicht, mit Sei-tenorganen für das Wasser-leben | mit Hornschicht, ohne Seiten-organe |
| Lokomotions-organe | starker Seitenrumpfmuskel neben steuernden Seiten-flossen, kein Sacrum | starke lokomotorische Zehen-gliedmaßen neben zurück-tretender und anders wirken-der Stammmuskulatur, Sac-rum vorhanden |
| Nervensystem | Großhirn unbedeutend | Großhirn mit ansteigender Entwicklung |
| Gehörorgan | ohne Mittelohr | mit Mittelohr |
| Auge | nahsichtig ohne Ciliarmuskel und meist ohne Akkomo-dation | weitsichtig mit Ciliarmuskel und Akkomodation für die Nähe |
| Nase | ohne primäre Choanen | mit Choanen für die Luft-atmung |
| Atemorgane | Kiemen | Lungen |
| Gefäßsystem | ungeteiltes venöses Herz und einfacher Kreislauf, ohne Hohlvene | geteiltes arteriell-venöses Herz und doppelter Kreislauf mit einer Hohlvene |
| Harnblase | nicht vorhanden | meist vorhanden |

Äskulapnatter (oben) und Schlingnatter (unten).

Von den Kriechtieren unterscheiden sich die das Ei ziemlich früh verlassenden, ein Larvenstadium mit einer ziemlich eingreifenden Metamorphose durchmachenden Lurche durch die verschiedene embryonale Entwicklung. Während bei den Kriechtieren der Embryo in den zu seiner Ernährung bestimmten Nahrungsdotter (der sich bei den Lurchen als starke Hervortretung des Mitteldarmes und des ganzen Bauches verrät) einsinkt, der Faltenrand dieser Einsenkung

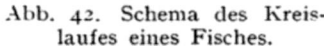

Abb. 42. Schema des Kreis-    Abb. 43. Schema des Kreis-
laufes eines Fisches.    laufes der höheren Zehentiere.

v Vorhof des Herzens, durch Klappen von der Herzkammer getrennt, lv, rv linker und rechter Vorhof, lk, rk linke und rechte Herzkammer, ki Kiemen, 4 Aortenbogen, 6 letzter Aortenbogen (Abb. 42) und Lungenarterie (Abb. 43), p Lungenvene, kg Körpergefäße, ve Venenstämme, d Darm, c Chylusgefäße, l Lymphgefäße. Nach Goette. Die venösen Abschnitte sind dunkel, die arteriellen weiß gehalten.

sich über dem Embryo zusammenzieht, schließlich zusammenwächst und so eine den Embryo umschließende Hülle, das Amnion, bildet und bei diesen Amnioten die ventrale Harnblase im Zusammenhang mit der Bauchwand schon anfangs mächtig auswächst und zur, zwischen Darm- und Hautnabel hervortretenden Allantois wird, entbehren die Lurche wie die Fische des Amnions und der Allantois. Für alle Lurche ist die drüsenreiche, weiche Epidermis charakteristisch, welche wohl eine zarte Hornschichte, aber keine allgemeine Hornbildungen zeigt. Nur bei den fußlosen

Schleichlurchen haben sich die Knochenschuppen der Stegocephalen, der ausgestorbenen Vorgänger der Lurche, erhalten. Dem Landleben am besten angepaßt erscheinen die
Landmolche und Froschlurche. Die durchweg kurzen Rippen bilden kein Brustbein. Alle Lurchlarven zeigen fünf
Kiementaschen, deren vorderste aber bald verschwindet. Bei
den Schwanzlurchen erscheinen die Lungen als glattwan-
dige Schläuche, bei den Froschlurchen als weite Säcke mit
wabenartigen inneren Wänden. Der Vorhof des Herzens
ist ganz geteilt. Das Blut bleibt venös und arteriell gemischt.
Die Vorniere verkümmert bald und wird durch die Mittel-
oder Urniere ersetzt. Der Urniereneingang des Männchens

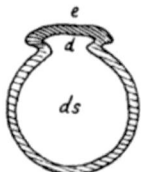
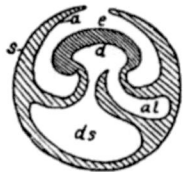

Abb. 44. Dottersack der Fische      Abb. 45. Dottersack, Allantois und Amnion
und Lurche.                der Amnioten. Nach Goette.

e Körper des Embyro, d Darm, ds Dottersack, al Allantois, a Amnion, s Serosa.

wird zum Harnsamenleiter. Die Eileiter (Müllerschen Gänge)
sind vielfach gewunden und erweitert. Alle Urogenitalgänge
(Abbild. 1) münden in die Kloake. Die Kriechtiere kenn-
zeichnen sich gegenüber den Lurchen außer durch ihre andere embryonale Entwicklung durch die Hornschuppen und
Hornschilde der Haut, unter welchen die zugehörigen Kno-
chenscheiben vielfach verschwunden sind. Auch bei den
Kriechtieren (die Krokodile ausgenommen) ist die Herzteilung
noch unvollständig und entsteht die Aorta aus einem aus der
rechten und einem aus der linken Herzkammer kommenden
Bogen, bleibt daher das Körperblut gemischt. Man wird so in
knappster Fassung die Lurche als Zehentiere ohne Brustbein, ohne Endniere, mit dauernden oder nur im Larvenstadium vorhandenen Kiemen neben den Lungen, ohne Am-

nion und Allantois, die Reptilien als lungenatmende, be-
schuppte oder bepanzerte Amnioten charakterisieren können.

Ich kann diese Schrift, die auf dem knapp bemessenen
Raume ein Bild des Lebens unserer heimischen Lurche und
Kriechtiere im Laufe des Jahres zu geben versucht und hier-
bei auf manche, den Lurch- und Reptilienfreund interessie-
rende, systematische, entwicklungsgeschichtliche, tiergeogra-

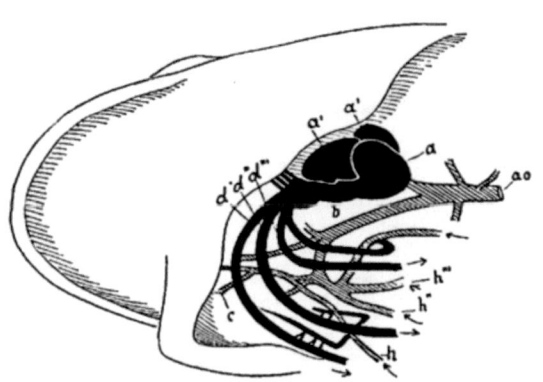

Abb. 46. Herz und Aortenbogen der Feuersalamanderlarve.

a Herzkammern, a' Vorhöfe, b Herzkegel, d' d'',
d''' erste, zweite, dritte Kiemenarterie (die sich
in zwei Äste spaltet), h, h'', h''' Kiemenvenen,
ao Aorta.

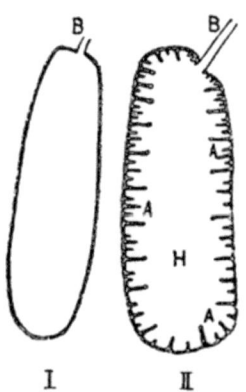

Abb. 47. Schema der Lunge
eines Wassermolches (I)
und eines Frosches oder
einer kleinen Echse (II).
Nach Boas. A Ausstül-
pungen, B Stammast
(Bronchus), H Hohlraum
der Lunge.

phische Frage zu sprechen kommt, nicht schließen, ohne
auch der psychischen Fähigkeiten dieser Tiere mit einigen
Worten zu gedenken. Mit den Vögeln, diesen farbenschmucken, zierlichen, behenden, anmutigen, flug- und ge-
sangbegabten Tiergestalten, die sich schon längst die allgemeine Fürliebe gewonnen haben, können die so allgemein
als häßlich, widerlich geltenden, als giftig verabscheuten
Lurche und Kriechtiere freilich nicht wetteifern. Wer aber
das Werden dieser Tiere aus dem Ei auf verfolgt hat, die
schmucken kleinen Eidechsen, zierlichen jungen Nattern.

13*

die Kaulquappen der Froschlurche, die Molchlarven in ihren mannigfaltigen Formen, klein und groß, schlank und behäbig, die neckischen Kleingestalten der ans Land gehenden Fröschchen und Krötchen gesehen und das Tun und

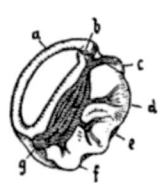 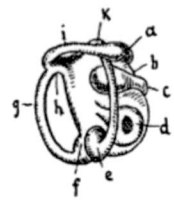

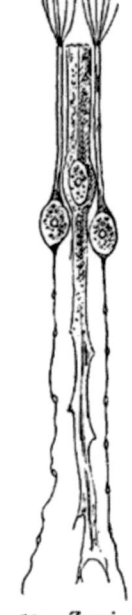

Abb. 48. Das gesamte häutige Gehörorgan eines Frosches, von der der Schädelwand zugekehrten Fläche (links) und von der dem Foramen ovale zugekehrten Seite (rechts) gesehen. Links: a sagitaller Bogengang, b seine Ampulle, c horizontale Ampulle, d Steinsack mit den Nervenästen, e Schneckenende, f Ampulle des frontalen Bogenganges, g Stamm des Hörnerves. Rechts: a Ampulle des frontalen Bogenganges, b tegmentum vasculosum der Schnecke, c basilarer Teil der Schnecke, d Steinsack, e Ampulle des horizontalen Bogenganges, g sagitaller Bogengang, h Vereinigung der beiden vertikalen Bogengänge, i frontaler Bogengang, k horizontaler Bogengang. Nach C. Hasse.

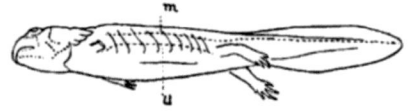

Abb. 49. Feuersalamander-Larve.
m mittlere Seitenorganlinie, u untere Seitenorganlinie. Nach Malbranc.

Abb. 50. Zwei Riechzellen und eine Epitheliumzelle des Feuersalamanders.
Nach C. K. Hoffmann.

Treiben unserer heimischen Lurche und Kriechtiere im Freien und in der Gefangenschaft des längeren und des öfteren beobachtet hat, bringt auch diesen, zum großen Teil harmlosen, zum Teile nützlichen, unverdient mißachteten Tieren volles Interesse entgegen und stimmt auch nicht in die landläufige Aburteilung dieser Tiere als völlig stupider, für ihre Umgebung völlig teilnahmsloser Geschöpfe ein.

Schon bei den Lurchen erhebt sich das Nervensystem in mehrfacher Hinsicht über das der Fische. Wenn auch das Gehirn noch klein bleibt, so erscheinen doch die Hemisphären desselben umfangreicher und ist das Zwischenhirn und Mittelhirn schon weiter differenziert als bei den Fischen. Das Kleinhirn erscheint als schmale Lamelle, das verlängerte Mark umschließt eine breite Rautengrube. Als Geruchsorgane funktionieren paarige, mit Faltungen der Schleimhaut ausgestattete Nasenhöhlen. Sie münden nach vorne, innerhalb der Lippen, bei den Molchen und Froschlurchen weiter hinten zwischen Gaumenbein und Oberkiefer in die Rachenhöhle. Bei den Molchen ist ein oberes und unteres Augenlid vorhanden, bei den Froschlurchen außer dem oberen Augenlid eine große, sehr bewegliche Nickhaut. Der Tastsinn hat seinen Sitz in der sehr nervenreichen Haut. Das Gehörorgan besteht aus dem Labyrinth mit drei halbzirkelförmigen Kanälen; bei den Froschlurchen tritt noch eine Paukenhöhle hinzu, welche nach außen durch das von der Haut überzogene oder freiliegende Trommelfell verschlossen ist und durch die weite Eustachische Röhre mit der Rachenhöhle kommuniziert. Auf der Zunge der Froschlurche finden sich Geschmackspapillen. Bei den im Wasser lebenden Lurchen und Lurchlarven sind wie bei den Fischen die Sinnesorgane der Seitenlinien vorhanden. Weit besser ist das Nervensystem der Kriechtiere entwickelt. Die Hemisphären des Gehirnes sind von bedeutender Größe und beginnen schon das Mittelhirn zu bedecken. Die Schleimhautflächen des Geruchsorganes sind erheblich vergrößert. Mit Ausnahme der Schlangen, denen die Lider fehlen und deren Augen durch eine durchsichtige, einem Uhrglase vergleichbare Kapsel geschützt sind, ist bei allen Kriechtieren ein oberes und ein unteres Augenlid vorhanden; am inneren Augenwinkel befindet sich eine selbständige Nickhaut. Das Gehörorgan besitzt eine einfache schlauchförmige Schnecke und ein entsprechendes Fenster; die Paukenhöhle mit der

Eustachischen Röhre fehlt nur den Schlangen, Schleichen und der Brückenechse. Die bei den Schlangen und vielen Echsen als Tastorgan funktionierende Zunge ist nicht immer auch der Sitz des Geschmacksinnes. Als besondere Tastorgane sind in der Haut Tastflecken und Kolbenkörperchen vorhanden.

Solch höherer Entwickelung des Nervensystems bei Lurchen und Kriechtieren im Vergleiche zu den Fischen entspricht auch die höhere psychische Begabung dieser Tiere. Wir haben ja schon im Vorhergehenden Gelegenheit gehabt, darauf hinzuweisen, wie die eine und andere Lurch- und Kriechtierart drohender Gefahr in verschiedener Art zu begegnen, sich zusammenzuducken, zur Abwehr ätzende Säfte auszuspritzen oder, wie z. B. die Eidechse, sich tapfer zur Wehr zu stellen weiß, wie sich einzelne Arten geeignete Quartiere herzustellen imstande sind, wie andere Arten vor dem Austrocknen ihrer Gewässer auswandern und anderen Wasseraufent-

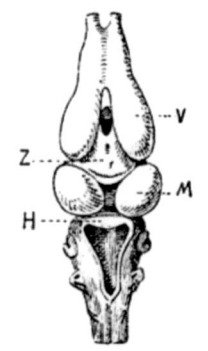

Abb. 51. Gehirn des Wasserfrosches.
V Vorderhirn, Z Zwischenhirn, M Mittelhirn, H Hinterhirn. Nach Zelenka.

halt aufsuchen, wie verschiedene Lurche und Kriechtiere ihrer Beute auflauern, nicht nur zufällig sich bietende Beute machen, sondern auf Suche nach Nahrung ausgehen. Deutet all dies schon auf Gedächtnis, Ortssinn, Anwendung gemachter Erfahrung hin, so kann man an seinen Gefangenen leicht beobachten, daß sie immer zutraulicher werden, sich an ihren Pfleger gewöhnen, sich Ort und Zeit der täglichen Fütterung merken, auf halbem Wege entgegenkommen. Meine Äskulapnattern ließen sich nach einigen Wochen der Gefangenschaft ruhig aus den Käfigen herausnehmen, bleiben ruhig auf der Hand liegen, wissen auf ein bestimmtes Klopfen sofort, daß sie Futter zu erwarten haben und kommen auch sofort aus ihren Verstecken hervor, bereit, auf die zu gewärtigende lebende Nahrung Jagd zu machen. Den Mäusen, die erst ahnungslos im Käfige herumschlüpften, auf den ersten Angriff hin ratlos herumhasteten, scheinen mir die Nattern in der Art, wie sie nach den Mäusen suchen, ihnen gegebenenfalls ausweichen, um ihnen dann besser beikommen zu können, geistig überlegen. Eine gewisse Intelligenz der Äskulapnattern zeigt sich auch darin, daß Nattern, die einer Kameradin eine Maus knapp vor der Nase weggefangen haben, sich nun alle Mühe geben, die nach der eingeklemmten Maus suchende Genossin irrezuführen. Ich konnte da zuweilen eine Stunde lang die eine Natter, welche die Maus glücklich erbeutet und umschlungen hatte, ruhig daliegen oder auch ihrerseits wie suchend mit dem freien Vorderteil sich herumbewegen, die andere ihre Genossin unermüdlich umschleichen, beschnuppern und hier und da den Kopf zwischen die Windungen der anderen stecken sehen. Am intelligentesten zeigen sich wohl die munteren, äußerst vorsichtigen, überaus regsamen Eidechsen, die in der Gefangenschaft bald alle Scheu und Furcht ablegen, sehr zutraulich werden, dem Pfleger das Futter aus der Hand nehmen, um weiteres Futter zu betteln scheinen, von Tag zu Tag irgend einen neuen Zug von List, Anhänglichkeit verraten, es bald heraus haben, welche Nahrung unter verschiedener vorgelegter als die am besten zusagende auszuwählen ist, wie dieses und jenes Tier am leichtesten zu bewältigen ist, wann und wo sie gefüttert werden, in welcher Weise aus verschiedenen Wassergefäßen am besten zu trinken ist, bald Freund und Feind, zanksüchtige und harmlose Nachbarn unterscheiden lernen. Unter den Lurchen snid es die zierlichen Tritonen und ganz besonders die lebhaften Forschlurche, welche, sagt Böttger, großen Ortssinn .bekunden sowie Unterscheidungsvermögen, Gedächtnis und Gewitztheit infolge gewonnener Erfahrungen, Vorsicht und Scheu anderen Geschöpfen gegenüber, ja sogar ein wenig List, wenn es sich darum handelt, einer Gefahr zu entrinnen oder Beute zu erwerben, ebenso Wohlgefallen an lauten Tönen, wie aus ihrem gut entwickelten Ohr und ihren abendlichen Musikaufführungen in unverkennbarer Weise hervorgeht. Wer viel Gelegenheit hat, Wasserfrösche im Freien zu beobachten, kann sich da leicht überzeugen, wie überlegend diese Lurche bei ihrer Jagd vorgehen, auf wie listige Weise sie auch Tieren, die man vor ihrem Angriff wohl ganz gesichert halten würde, beizukommen wissen. Ich hatte wiederholt gelesen, daß Wasserfrösche auf Libellen Jagd machen und mir nicht recht vorstellen können, wie diese pfeilschnellen Insekten, wenn nicht zufällig, den Fröschen zum Opfer fallen könnten, bis ich wiederholt Gelegenheit hatte, solchen Libellenfang zu beobachten. Die Wasserfrösche eines Sumpfgebietes haben es bald heraus, wo sich die Libellen zu kurzer Rast am liebsten niederlassen, schwimmen geräuschlos an solche Stellen heran und lauern nun, durch ihr Grün und Pflanzendeckung unauffällig, oft stundenlang auf den Moment, da sich eine der hin und her schwirrenden Wasserjungfern in ihrer Nähe niederläßt, um dann in jähem Satze auf sie loszuschnellen. Kleinere Wasserfrösche klettern auch an den Stengeln und Blättern verschiedener Wasserpflanzen empor, halten sich an diesen fest und lauern von diesem erhöhten Standpunkte aus auf die anfliegenden Libellen. Sie sind auch darüber im klaren, daß die beste Gelegenheit zu solcher Libellenjagd die ist, wenn die Libellen sich paaren, das Männchen hinter dem Weibchen herfliegt, dasselbe mit seinen Haltzangen am Genick erfaßt, das Weibchen den Hinterleib nach unten vorbiegt und vom Männchen mit einem eigenen Organ am Bauche festhalten läßt, worauf das so vereinigte Paar sich auf einer Wasserpflanze niederläßt. Wie lieb, zutraulich, aufmerksam für seine Umgebung benimmt sich der allbekannte Laubfrosch, dessen liebenswürdiges und nichts weniger als stupides Wesen es, von seiner Wetterkunde abgesehen, dazu gebracht hat, daß sich der Mensch auch aus der verlästerten Lurchwelt einen beliebten Stubengenossen erwählt hat.

Mögen die Ausführungen dieser Lurch- und Kriechtierschrift, die Schilderungen aus dem Leben unserer Frösche, Kröten, Eidechsen, Schlangen, die, wenn auch oft nur flüchtigen Hinweise auf interessante Details ihrer Entwicklung, ihrer Verbreitung ein Scherflein dazu beitragen, dieser so lange und so unverdient mißachteten Tierwelt neue Freunde zu gewinnen.

# Register.